Mittelstands-
finanzierung

Hans-Werner G. Grunow

Mittelstands-finanzierung

Ein Leitfaden für Unternehmen

Bibliografische Information der Deutschen Nationalbibliothek

Die Deutsche Nationalbibliothek verzeichnet diese Publikation in der Deutschen Nationalbibliografie; detaillierte bibliografische Daten sind im Internet über http://dnb.d-nb.de abrufbar.

Besuchen Sie uns im Internet: http://www.frankfurt-school-verlag.de

Das Werk einschließlich aller seiner Teile ist urheberrechtlich geschützt. Jede Verwertung außerhalb der engen Grenzen des Urheberrechtsgesetzes ist ohne Zustimmung des Verlages unzulässig und strafbar. Das gilt insbesondere für Vervielfältigungen, Mikroverfilmungen und die Einspeicherung und Verarbeitung in elektronischen Systemen.

Printed in Germany

ISBN 978-3-940913-16-6

1. Auflage 2010 © Frankfurt School Verlag GmbH, Sonnemannstraße 3-5, 60314 Frankfurt am Main

Vorwort

Der Leitfaden „Mittelstandsfinanzierung" ist kein Buch aus der Theorie für die Theorie und es ist kein Werk der Finanzmathematik. Dieser Leitfaden beschreibt vielmehr, wie sich Finanzierungsvorhaben – selbst in schwierigen Unternehmenssituationen – erfolgreich umsetzen lassen. Gerade mittelständische Unternehmen kämpfen oftmals mühsam um Kapital zur Finanzierung ihrer Geschäftsstrategie oder Projektentwicklung. Dieser Leitfaden zeigt Mittel und Wege einer zügigeren Realisierung. Dem Buch zu Grunde liegen besondere Kapitalmarktexpertise und langjährige Erfahrung in der Unternehmensfinanzierung sowie in der Finanzkommunikation.

Banken fürchten mehr denn je Kreditausfälle und haben ihre Geschäftspolitik auf noch stärkere Risikovermeidung ausgerichtet. Banken sind bürokratischer und schematischer geworden. Dies bedeutet für den Mittelstand: genauere und sorgfältigere Darstellung der mit einem Kreditengagement verbundenen Risiken.

Investoren sind vorsichtiger geworden, sie wollen exakt beurteilen können, in welches Projekt oder unternehmerische Konzept sie investieren. Investoren wollen die mit ihrem Engagement verbundenen Chancen und Risiken präzise beurteilen können. Dies bedeutet für den Mittelstand: Investoren ein aussagekräftiges und attraktives Chance-Risiko-Profil zeichnen.

Der Erfolg der Mittelbeschaffung hängt davon ab, ob es dem kapitalsuchenden Unternehmen gelingt, dem jeweiligen Finanzierungsvorhaben ausreichend Struktur zu geben und es damit dem Finanzmarkt verständlich zu machen – gleich, ob Gründungs-, Konsolidierungs-, Expansions- oder Krisensituation. Nur dadurch lassen sich die Bonität eines Unternehmens und die Qualität des Finanzierungsvorhabens von außen nachvollziehen.

Die folgenden Seiten liefern Ratschläge, wie Unternehmen den Financiers die richtigen und ausreichenden Informationen zur Verfügung stellen. Der Leitfaden beschreibt, worauf sich mittelständische Unternehmen bei der Kapitalsuche einstellen müssen und was der Finanzmarkt von ihnen erwartet. So lassen sich wertvolle Hinweise finden, welche Finanzierungsvorhaben unter welchen Umständen und Bedingungen mit welchen Instrumenten am besten realisiert werden.

Dieser Leitfaden ist daher bestens geeignet, einen erfahrungsgestützten Finanzierungsweg aus nahezu jeder Situation zu finden, er begleitet kapitalsuchende Unternehmer bis zur erfolgreichen Realisierung. Damit und mit ein wenig Fingerspitzengefühl lässt sich Schritt für Schritt eine nachhaltige Unternehmensfinanzierung erreichen.

Frankfurt am Main, im September 2010　　　　　　　　　　Dr. Hans-Werner G. Grunow

Inhaltsverzeichnis

Vorwort... V
Inhaltsverzeichnis... VII

1 Erste Schritte im Finanzierungsprozess ... 1
  1.1 Schonungslose Bestandsaufnahme ... 1
  1.2 Strukturierung des Finanzierungsprozesses ... 2
  1.3 Nutzung der Potenziale ... 4
  1.4 Entwicklung der Unternehmensdarstellung ... 5
  1.5 Auf den Punkt: Erste Schritte ... 7

2 Erwartungshaltung des Finanzmarkts ... 9
  2.1 Gewandelte Rahmenbedingungen ... 9
  2.2 Schärfere Anforderungen der Financiers ... 12
  2.3 Auf den Punkt: Anforderungen an den Mittelstand ... 13

3 Streckenplan zum erfolgreichen Abschluss ... 15
  3.1 Informationsplan zur Kapitalgeberansprache ... 15
  3.2 Plausibilität des Finanzierungsvorhabens ... 18
  3.3 Konzentration auf wichtige Stationen ... 19
  3.4 Auf den Punkt: Schlüsselstellen auf dem Weg zum Erfolg ... 20

4 Unternehmensanalyse als Finanzierungsbasis ... 23
  4.1 Wissen um das eigene Unternehmen ... 23
  4.2 Informationsbedarf der Kapitalgeber ... 25
  4.3 Relevante Analysefelder und ihre Aussagekraft ... 26
  4.4 Bewertung von Sicherheiten ... 34
  4.5 Auf den Punkt: Inhalt und Zweck der Unternehmensanalyse ... 36

5 Korrektur von Fehlentwicklungen ... 39
  5.1 Typische Beispiele für Abweichungen ... 39
  5.2 Vermeidung von Fehleinschätzungen ... 42
  5.3 Auf den Punkt: Erhöhung des Finanzspielraums durch nachhaltige Korrekturen ... 43

6 Unternehmensdarstellung als Erfolgsfaktor ... 45
  6.1 Bedeutung des Finanzierungsbuchs ... 45
  6.2 Themenfelder des Finanzierungsbuchs ... 46
  6.3 Struktur des Finanzierungsbuchs ... 48
  6.4 Auf den Punkt: Relevanz des Finanzierungsbuchs ... 52

7 Kapitalquellen für die Mittelstandsfinanzierung 53
7.1 Verwendungszweck bestimmt Kapitalquelle 53
7.2 Fehlendes Angebot an passenden Finanzinstrumenten für den Mittelstand . . . 54
7.3 Erste Kreditfinanzierung 56
7.4 Auf den Punkt: Das passende Finanzinstrument 57

8 Einsatz von Eigenkapital 59
8.1 Eigenkapital als Motor für den Mittelstand 59
8.2 Verwendungen für Eigenkapital. 60
8.3 Eigenkapitalinstrumente 61
8.4 Eigenkapitalgeber und ihre Motive 62
8.5 Für und Wider von Eigenkapital 63
8.6 Auf den Punkt: Sinnvoller Einsatz von Eigenkapital. 64

9 Einsatz von Fremdkapital 65
9.1 Fremdkapital als ergiebige, aber anspruchsvolle Finanzierungsquelle 65
9.2 Verwendungen für Fremdkapital. 66
9.3 Fremdkapitalinstrumente 68
9.4 Prozess der Zinsbildung 74
9.5 Für und Wider von Fremdkapital 77
9.6 Auf den Punkt: Sinnvoller Einsatz von Fremdkapital. 77

10 Einsatz von Mezzaninkapital 79
10.1 Kombination aus Eigen- und Fremdkapital für Spezialfälle 79
10.2 Verwendungen für Mezzaninkapital 80
10.3 Mezzanine Finanzierungsinstrumente. 82
10.4 Typische Mezzaninkapitalgeber. 88
10.5 Für und Wider von Mezzaninkapital. 89
10.6 Auf den Punkt: Sinnvoller Einsatz von Mezzaninkapital 89

11 Bilanzentlastung und Inanspruchnahme staatlicher Hilfe 91
11.1 Einsatz bilanzentlastender Instrumente und staatlicher Förderung 91
11.2 Bilanzentlastung. 92
11.3 Subventionen 95
11.4 Bürgschaften und Garantien. 96
11.5 Auf den Punkt: Bilanzentlastung und Förderung 98

12 Erfolgreiche Realisierung von Finanzierungsvorhaben 99
12.1 Finanzierungsmarketing als Erfolgsfaktor 99
12.2 Präsentationen als Türöffner 100
12.3 Kommunikation und Verkauf von Risiken 102
12.4 Auswahl der passenden Finanzierung. 104
12.5 Auf den Punkt: Umsetzen von Finanzierungen 107

13 Nachhaltigkeit von Finanzierungen durch Kommunikation. 109
13.1 Vertrauensbildung durch Kommunikation 109
13.2 Kommunikation als Übertragungsmechanismus 110
13.3 Inhalte und Regeln der Finanzkommunikation 111
13.4 Auf den Punkt: Erfolgreiche Finanzierung mit optimierter Kommunikation 113

Literatur 115
Stichwortverzeichnis 117
Autor 119

Erst einmal kommt es darauf an, verstanden zu werden.

Theodor Fontane

1 Erste Schritte im Finanzierungsprozess

Unternehmen sehen sich in Finanzierungsfragen mit den unterschiedlichsten Bedürfnissen konfrontiert: Liquiditätsmangel, fehlendes Investivkapital, knappe Gründungsgelder, zu geringe Akquisitionsmittel. Nicht selten kommen Erschwernisse hinzu wie Absatzprobleme, Produktionsprobleme, Finanzprobleme, Personalprobleme, Gesellschafterprobleme. Diese Situationen stellen hohe Anforderungen an das Finanzmanagement. Doch gibt es meist einen Ausweg, der umso wahrscheinlicher wird, je besser die ersten Schritte zur Lösung gesetzt werden.

1.1 Schonungslose Bestandsaufnahme

Finanzierungen – gerade in herausfordernden Unternehmens- und Marktsituationen – sind eine anspruchsvolle Aufgabe, denn oftmals bestimmen mehr als nur eine Einflußgröße den Lösungsweg. So ist der Ausgangspunkt jeder Krisenbeseitigung, das betreffende Unternehmen genauestens kennenzulernen. Der Zustand eines Unternehmens, also seine Organisation, seine Leistungsfähigkeit und seine Bonität einerseits sowie die daraus resultierenden Finanzierungsmöglichkeiten andererseits sind die beiden Seiten ein und derselben Medaille. Finanzielle Engpässe resultieren i.d.R. aus Versäumnissen und Defiziten in der Unternehmensführung und der Kommunikation. Erst die Beseitigung dieser Defizite verbessert die Leistungsfähigkeit und die Attraktivität eines Unternehmens für Financiers.

Daher ist es unerlässlich, sich ausreichend Informationen über die Einflussgrößen von Krisensituationen zu verschaffen und herauszufinden, wie und warum es zu Krisen gekommen ist. Dies betrifft auch die Auswirkungen externer Krisen, wie z.B. Finanzmarktturbulenzen, auf die ein Unternehmen möglicherweise nicht schnell genug reagiert hat. Nur mit der umfassenden Unternehmensanalyse, die neben den Schwächen unbedingt auch die Stärken finden sollte, lassen sich sinnvoll kalkulierbare und verlässliche Strategien und Geschäftspläne erstellen. Ohne sorgfältige Bestandsaufnahme gibt es kein frisches Kapital, denn ohne umfassenden Analyseprozess im eigenen Hause ist die Beurteilung „von außen" nicht möglich – und damit keine Finanzierung.

Die umfassende, objektive und präzise Unternehmensanalyse ist Voraussetzung jeder erfolgreichen Finanzierung, sie ist die Basis bedarfsorientierter und effizienter Kapitalbeschaffung. Es sind die Verlässlichkeit der Inhalte und die Präzision der Beschreibung, die das Maß an interner wie externer Transparenz bestimmen und damit letztlich die Attraktivität des Chance-Risiko-Profils für Kapitalgeber. Eine sorgfältige Analyse ist kein Selbstzweck, vielmehr zeigt sie, welche Veränderungen erforderlich sind, um „die volle Kraft auf die Straße bringen zu können". Doch trotz dieser Notwendigkeit finden sich Analyse und entsprechende Ergebnisse von mittelständischen Unternehmen zu selten in deren Unterlagen wieder. Damit nutzt der Mittelstand Spielräume nicht, die ihm mit der angemessen Unternehmensanalyse unweigerlich zur Verfügung stünden.

1.2 Strukturierung des Finanzierungsprozesses

Nach der Bestandsaufnahme kommt der nächste wichtige Schritt bei der Problemlösung: die Systematisierung und Strukturierung des Finanzierungsprozesses. Mit den Analyseergebnissen werden Alleinstellungsmerkmale und Unternehmensstärken identifiziert, hiernach Finanzierungswege aufgespürt, Schwächen ausgemerzt, sodann Sicherheiten ausfindig gemacht und schließlich die attraktive Unternehmensdarstellung entwickelt. All dies wird im Detail in den nächsten Kapiteln beschrieben.

Von Bedeutung sind zunächst die Alleinstellungsmerkmale, d.h., **was macht das Unternehmen besonders, was einzigartig**? Der nächste systematische Schritt ist die Klärung der Frage, **was das Unternehmen eigentlich leisten will, was seine Stärken sind und welche Wettbewerbsvorteile es am Markt besitzt**? Nur die Antwort auf diese Fragen erlaubt die Entwicklung einer trag- und belastungsfähigen Unternehmensarchitektur und einer soliden Finanzstruktur.

Und so offensichtlich notwendig eine Antwort auf diese Fragen auch ist, so selbstverständlich behaupten Unternehmer und Mitglieder des Managements, eine Antwort „natürlich" längst zu kennen – doch sind die wenigsten in der Lage, aus dem Stand eine befriedigende und v.a. zutreffende Erklärung zu liefern. Die vorgetragenen Erklärungen sind meist eher die Wunsch- oder Idealbilder als die Beschreibung der tatsächlichen Zustände. Dieses Defizit spiegelt sich regelmäßig in den Unterlagen für Kapitalgeber.

Gleichwohl verfügt jedes Unternehmen über solche Alleinstellungsmerkmale. Sollten dennoch wider Erwarten keine vorliegen oder sollten keine gefunden werden, scheiden (Eigenkapital-)Investoren i.d.R. als Financiers aus und auch Banken dürften nur bei guter Geschäftslage und ausreichenden Sicherheiten Mittel zur Verfügung stellen. Denn ohne plausible Darstellung von Wissen und Kenntnis der eigenen Stärken und Möglichkeiten (einschließlich der Risiken) lassen sich Kapitalgeber nicht von der Nachhaltigkeit des vorgestellten Finanzierungsvorhabens überzeugen. Das Fehlen dieses Wissens ist jeder Präsentation anzumerken.

Die Alleinstellungsmerkmale bestimmen die unternehmerischen Stärken. Diese allein sichern aber noch keine Einnahmen. Daher muss eine entsprechende Geschäftsstrategie (wie kann ich mit meinen Stärken Erträge erzielen, wie soll innerhalb welchen Zeitraumes was erreicht werden?) mit einem attraktiven Wachstums- und/oder Ertragspotenzial folgen. Die Strategie wird schließlich komplettiert um ein leistungsfähiges

Produktions-, Vermarktungs- und Vertriebskonzept für die jeweiligen Produkte oder Dienstleistungen (wie und mit welchen Ressourcen in Beschaffung, Organisation, Produktion, Marketing und Vertrieb die Strategie umgesetzt werden soll?).

Der Erfolg der Mittelbeschaffung hängt grundsätzlich davon ab, ob es dem kapitalsuchenden Unternehmen gelingt, das jeweilige Finanzierungsvorhaben dem Finanzmarkt verständlich zu machen – gleich, ob Gründungs-, Konsolidierungs-, Expansions- oder Krisensituation. Nur durch verständliche Strukturen lassen sich die Bonität eines Unternehmens und die Qualität des Finanzierungsvorhabens nachvollziehen und ausreichend bewerten. Financiers wollen Unternehmen und potenzielle Engagements „verstehen", sie wollen Entwicklungen, Vorhaben und Pläne nachvollziehen und Chancen (Zinsen/Rendite) mit den Risiken (Kapitalverlust) gegeneinander abwägen können. Fehlen ihnen hierfür wichtige Informationen, nehmen sie von Finanzierungen Abstand.

Ohne Frage sind die Unternehmensanalyse, das Ausmerzen von Schwachstellen und die anschließende Dokumentation und Darstellung mit Aufwand verbunden. Doch hier nachlässig zu sein, bedeutet, einen nennenswerten Teil seiner Finanzierungschancen ungenutzt zu lassen. Denn grundsätzlich gilt: Wer als Kapitalnehmer nur 08/15 bietet, der darf sich nicht wundern, von Kapitalgebern auch nur 08/15 behandelt zu werden. Dies gilt für alle Bereiche des Finanzierungsprozesses. Ein Unternehmen, das mit dem Bewusstsein um diesen Anspruch und dem entsprechenden Rüstzeug agiert, sollte (auch in Krisenzeiten) seine Finanzierungskosten senken können und/oder zusätzliches Kapital erhalten.

Der Abgleich der Ergebnisse aus der Unternehmensanalyse, dem Ist-Zustand, mit dem geplanten/gewünschten Unternehmenszustand, dem Soll-Zustand, zeigt dreierlei:

- erstens, wie dringend Korrekturen nötig sind,
- zweitens, wo die Fehlerquellen liegen, und
- drittens, was die Ursachen der Abweichung sind.

In der Folge lassen sich die Unternehmensstrukturen und Unternehmensprozesse verbessern – was wiederum das Unternehmen für Kapitalgeber attraktiver macht. So lassen sich zusätzliche Mittel akquirieren und die Finanzierungsstrukturen stärken.

Dieser Leitfaden beschreibt, worauf sich mittelständische Unternehmen bei der Kapitalsuche einstellen müssen und was der Finanzmarkt von ihnen erwartet. Im Anschluss werden Rüstzeug und Wege aufgezeigt, die zum Ziel führen. Dabei erfährt der Leser Wissenswertes über wichtige Finanzinstrumente und ihre Einsatzbedingungen. Schließlich gibt der Leitfaden dem Unternehmer wichtige Hinweise und Ratschläge, wie Financiers die richtigen Informationen zur Verfügung gestellt werden, um Kapitalzuflüsse wahrscheinlicher zu machen.

Der Erfolg eines Finanzierungsvorhabens wird von der schwächsten Einzelleistung bestimmt – so wie auch ein guter Koch ein Gericht nicht besser machen kann als es ihm die schlechteste Zutat erlaubt. Daher zählt in der Finanzierung jeder Arbeitsschritt. Die relevanten Themenfelder sind:

- Wissen um die Erwartungshaltung der Financiers (Kapitel 2);
- Fahrplan und Stationen im Finanzierungsprozess (Kapitel 3);
- Analyse der Geschäftsprozesse und der Finanzstrukturen (Kapitel 4);
- Korrektur von Fehlentwicklungen und Anstoß von Verbesserungsmaßnahmen (Kapitel 5);
- Zusammenfassung der Unternehmensinformationen im so genannten Finanzierungsbuch und attraktive Darstellung (Kapitel 6);
- Entscheidungsgrundlage für den Unternehmer, welche Finanzinstrumente vorteilhaft und einsetzbar sind (Kapitel 7);
- Spektrum an Finanzinstrumenten unterschiedlicher Prägung – von Eigen- über Fremd- bis hin zu Mezzaninkapital, eventuell ergänzt um staatliche Förderung (Kapitel 8 bis 11);
- „Vermarktung" der Finanzierung mit Auswahl der geeigneten Instrumente und Financiers (Kapitel 12);
- Kommunikation mit den Kapitalgebern, um die Unternehmensfinanzierung dauerhaft zu machen (Kapitel 13).

1.3 Nutzung der Potenziale

Alle Arbeit abseits von Produktion und Vertrieb ist für den Unternehmer mehr oder weniger „lästig", ist damit doch keine direkte Einnahme verbunden. Aber ist es durchaus lohnend, sich mit der Analyse, der Optimierung, der Dokumentation, der Darstellung und vor allem mit der Identifizierung der eigenen individuellen Unternehmensstärken zu beschäftigen. Damit können erhebliche neue Finanzierungsspielräume geschaffen werden. Fast alle Unternehmen verfügen über ungenutzte Finanzierungspotenziale, die (auch und besonders in Krisenzeiten) aufzuspüren und zu entwickeln es oftmals nur weniger „Kunstgriffe" bedarf.

Versteckte Finanzierungspotenziale lassen sich beispielsweise ableiten aus

- den Perspektiven einer guten Geschäftsidee (Ertragsaussichten und Ertragswahrscheinlichkeiten);
- der nicht korrekten Bewertung von Aktiva (insbesondere Sicherheiten);
- den Defiziten in der Darstellung (der Schein spiegelt nicht die tatsächlichen Verhältnisse wider).

Hinzu kommen Möglichkeiten zur Reduzierung der Finanzierungskosten, so z.B.

- die kostensparende Verbesserung der Finanzstruktur, was oft mit einfachen Maßnahmen möglich ist;
- der Einsatz der im konkreten Falle am besten geeigneten Finanzinstrumente;
- die Ansprache der richtigen Financiers, die mangels des entsprechenden Wissens bislang nicht kontaktiert wurden.

Mit der Identifizierung der Unternehmensstärken lassen sich attraktive und plausible Geschäftsstrategien sowie eine repräsentative Unternehmensdarstellung entwickeln und – in der Folge – günstige Perspektiven für einen sicheren Kapitaldienst aufzeigen. V.a. in Krisenzeiten ist dies besonders wichtig.

1.4 Entwicklung der Unternehmensdarstellung

Verlässlichkeit und Glaubwürdigkeit sind das A und O aller Finanzierungsgespräche. Nicht nur der Zusammenstellung der Historie, sondern v.a. der Skizzierung von Prognosen und Planungsrechnungen kommt daher Bedeutung zu. Gerade an der Plausibilität der finanziellen und operativen Prognosen messen Geldgeber die Seriosität, die Glaubwürdigkeit und die Zuverlässigkeit der Unternehmensfinanzierung und der Geschäftsführung. Ein entdeckter Fehler oder eine (erhebliche) Unstimmigkeit ruft unweigerlich den Verdacht hervor, es könnten weitere Fehler und Unstimmigkeiten in der Projektion auftauchen. Dies sollte tunlichst vermieden werden.

Eine grobe mehrjährige Liquiditätsplanung beispielsweise geht einher mit einer detaillierten Kurzfristplanung, wobei nicht die Detailfülle ausschlaggebend ist, sondern vielmehr die Aussagekraft der präsentierten Informationen. Das Ziel lautet: So viel wie nötig, so übersichtlich wie möglich. Gleichzeitig sollten die vorliegenden Zahlen und Angaben eine hohe Aktualität besitzen; nennenswerte Markt- und Unternehmensveränderungen sollten sich umgehend in den Zahlen spiegeln. Gerade auf die Liquiditätsplanung (Darstellung des Kapitalflusses) ist besonderes Augenmerk zu richten; hier können schnell existenzgefährdende Engpässe entstehen.

In einer Vielzahl fehlgeschlagener Finanzierungsversuche von Unternehmen, so eine Untersuchung der Kreditanstalt für Wiederaufbau (KfW) aus dem Jahr 2005, waren mangelnde Transparenz (also unzureichendes Zahlen- und Informationsmaterial) sowie Mängel in der Dokumentation und der Darstellung die ausschlaggebenden Gründe für die Absage der Geldgeber – erst in zweiter Linie waren fehlende Sicherheiten und nicht ausreichende Bonität verantwortlich. Denn ohne ausreichende Darstellung lässt sich die tatsächliche Bonität von kapitalsuchenden Unternehmen nicht richtig oder gar nicht beurteilen.

Abbildung 1: Warum Finanzierungen nicht zustande kommen

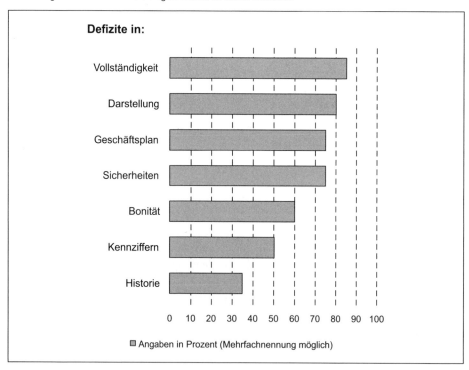

Quelle: *KfW, Capmarcon*

Unternehmen sollten Wert legen auf den durchgängigen roten Faden in der Argumentation und dem unterliegenden Zahlenwerk, also auf die Konsistenz und Widerspruchsfreiheit der Geschäftspläne und auf die Vermeidung nicht erklärlicher Brüche in den Zeitreihen (oder eben diese Brüche ausreichend erklären). Einzelpläne und -darstellungen müssen zueinander und in das Gesamtbild passen. Dies gilt z.B. für die Abstimmung von

Investitions- und Finanzplanung: **Sind die geplanten Investitionen finanzierbar, sind die für die prognostizierte Geschäftsentwicklung erforderlichen Investitionen finanziert?** Die Darstellung des Kontrollwesens (Risikomessung und Risikobegrenzung im Unternehmen) rundet den Eindruck der Verlässlichkeit ab.

Die (finanzielle) Historie eines Unternehmens bis hin zur Gegenwart wird zweifellos bestimmt durch Zahlen und Fakten, und die tatsächlichen Zustände erlauben auf den ersten Blick wenig Interpretationsspielraum. Doch die Art und Weise der Darstellung, wie z.B. unvorteilhafte Entwicklungen oder Ereignisse in der Vergangenheit erklärt werden (müssen) und v.a. die Möglichkeit zur Verknüpfung mit den künftigen Perspektiven, bieten zahlreiche Gelegenheiten, den Tenor der Finanzdarstellung positiver zu färben.

1.5 Auf den Punkt: Erste Schritte

In Krisensituationen zählt Schnelligkeit! Nicht das Verdrängen löst Probleme, sondern das beherzte Vorgehen nach einem Notfallplan. Dazu gehören die schonungslose Bestandsaufnahme, die Identifizierung der Alleinstellungsmerkmale und der Stärken, das Ausmerzen von Schwachstellen, die Verbesserung von Darstellung und Kommunikation – und die insgesamt systematische Vorgehensweise im Finanzierungsprozess:

- schonungslose Offenheit sich selbst gegenüber (Wo stehe ich gerade, wo klemmt es, was sind meine Schwächen, was meine Stärken, was meine Möglichkeiten?);
- Ziele formulieren: (Wohin will ich, was will ich, welchen Beitrag kann eine Finanzierung leisten?);
- Geschäftsstrategie formulieren und Alleinstellungsmerkmale definieren;
- Stärken und Schwächen des Unternehmens im Detail herausarbeiten (Unternehmensanalyse);
- Optimierung von Zuständen und Abläufen;
- wahrheitsgetreue Dokumentation und widerspruchsfreie, attraktive Darstellung entwerfen;
- Auswege aus Krisensituationen aus Unternehmersicht skizzieren (Was für realistische Auswege sehe ich selbst?);
- Präsentation des Unternehmens bei den bisherigen Kapitalgebern, mit angemessener Kommunikation ein den tatsächlichen Gegebenheiten entsprechendes Bild vermitteln.

2 Erwartungshaltung des Finanzmarkts

Mit dem Niedergang des Börsensegments „Neuer Markt" im Jahr 2000 hat sich das Finanzmarktumfeld für Unternehmen dauerhaft verändert: Die Anforderungen und die Erwartungshaltung der Financiers sind gestiegen, die Voraussetzungen, Kapital zu erhalten, sind anspruchsvoller geworden. Nichtsdestotrotz lässt sich mit dem richtigen Ansatz und Konzept der Zugang zu Kapital auch in Zeiten von Unternehmens- oder Marktkrisen offenhalten.

2.1 Gewandelte Rahmenbedingungen

Entscheidender Erfolgsfaktor für kapitalsuchende Unternehmen ist, möglichen Geldgebern plausibel darzustellen, dass nach dem Mittelzufluss der dann vom Unternehmen zu leistende Kapitaldienst fristgerecht und in voller Höhe erfolgt. Hierfür müssen Erfolgsprognosen argumentreich und nachvollziehbar unterlegt werden. Dies ist in den vergangenen Jahren schwieriger und aufwendiger geworden, weil die Anforderungen und die erwünschten Eintrittswahrscheinlichkeiten gestiegen sind.

Worauf muss sich nun der kapitalsuchende Mittelstand einstellen?

- Das Risikobewusstsein der Kapitalgeber ist gestiegen, d.h. Banken wollen geringere Risiken übernehmen, Eigenkapitalgeber fordern höhere Erfolgswahrscheinlichkeiten und Fördermittel werden zurückhaltender oder mit strengeren Anforderungen und Auflagen vergeben.

- Die Kapitalkosten haben sich erhöht, d.h. Fremdkapitalgeber verlangen höhere Risikoprämien und strengere Auflagen, Beteiligungen sollen lukrativere Renditen abwerfen, neue Konditionen und Formalien können Fördermittel insgesamt teurer machen.

- Die Risikomessungen sind restriktiver geworden, d.h. Banken messen Unternehmen häufig „über Nacht" eine geringere Bonität zu, Geschäftspotenziale sind seitens der Eigenkapitalgeber kritischeren Beurteilungen unterworfen und Förderhürden werden angehoben.

In der Konsequenz bedeutet dies einerseits, dass Kapitalgeber ihre Engagements (also die damit verbundenen Chancen und Risiken) besser einschätzen wollen und daher von den Unternehmen umfangreichere und aktuellere Informationen sowie Prognosen verlangen. Andererseits bedeuten die neuen Anforderungen, dass Unternehmen für Kapitalgeber attraktiver werden müssen, also bei gleichem Risiko einen höheren Kapitaldienst leisten müssen oder bei einem unveränderten Kapitaldienst ein geringeres Risiko aufweisen – was für viele Mittelständler (v.a. in Krisensituationen) zwar schwierig sein dürfte, mit den richtigen Maßnahmen, wie in den folgenden Kapiteln skizziert, aber nicht unmöglich.

Abbildung 2: Ampel-Modell – Risiken in attraktive Relation zu Erträgen stellen

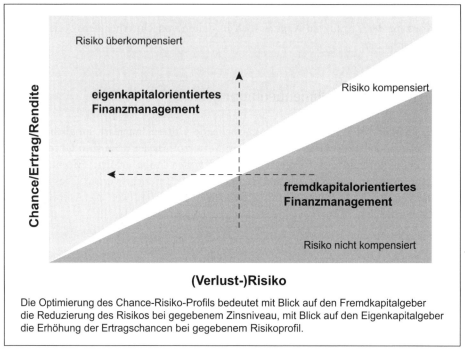

Quelle: Capmarcon

Der „Trend zu strengeren Anforderungen" setzte bereits mit dem Niedergang des Börsensegmentes „Neuer Markt" in den Jahren 2000 und 2001 ein, als den Akteuren und Kapitalgebern (wohl schlagartig) bewusst wurde (wieder einmal), dass finanzielle Engagements auch mit Risiken verbunden sind – und diese Risiken umso höher sind, je größer das in Aussicht gestellte Gewinnpotenzial ist. Die internationale Finanzmarktkrise der Jahre 2008 und 2009 brachte in diesem Zusammenhang keine neue Entwicklung im Verhalten der Marktteilnehmer, sondern verstärkte nur den beschriebenen Trend. So ist Kapital für den Mittelstand nicht deutlich knapper geworden, es wurde nur vorsichtiger.

Wichtig ist für Financiers – gleich ob Eigen- oder Fremdkapitalgeber –, dass die Bereitstellung der Mittel deutlich „rechenbarer" gemacht wird als bislang. Dies erfordert von den Kapitalnehmern zusätzliche Auskünfte, nicht nur zur Vergangenheit, sondern besonders zur Gegenwart und zur Zukunft. Mit diesen Informationen können Investoren und Kreditgeber ihre Engagements in ein individuell optimiertes Ertrag-Risiko-Modell „einbauen".

Themenfelder, hinsichtlich derer Kapitalgeber ausreichend Einblick und Aufklärung verlangen (Informationsbedarf), sind:

- die unternehmerische Strategie;
- die Positionierung im relevanten Absatzmarkt;
- ein dauerhaftes Wachstums- und Ertragspotenzial;
- die Erfahrung und Kompetenz des Managements;
- die Zahlen zur Geschäftsentwicklung und Prognosen;
- Sicherheiten;
- steuerlich relevante Faktoren;
- die Leistungsfähigkeit der Controlling- und Steuerungssysteme;
- die Informationspolitik gegenüber Kapital- und Kreditgebern;
- der Umgang mit eventuell gewährten Mitwirkungs- und Mitspracherechten;
- die Bereitschaft zur Due Diligence (intensive externe Unternehmensprüfung).

Der Finanzmarkt verlangt Klarheit, er verlangt wirkungsvolle Kontrollmöglichkeiten und er verlangt gegebenenfalls Steuerungs- und Sanktionsmechanismen – oder mit anderen Worten: wie führt ein Unternehmer seine Gesellschaft und mit welchen (Gegen-)Maßnahmen reagiert er auf Fehlentwicklungen? Sorglosigkeit und Vertrauensseligkeit seitens der Kapitalgeber, sofern es sie gegeben hat, gehören endgültig der Vergangenheit an. Der Mittelstand muss sich darauf einstellen, einerseits seinen Finanzierungsbedarf sowie die Kapitalverwendung und das Einsatzumfeld in Art wie Umfang sehr genau zu erklären und andererseits die Unternehmensstrukturen „in Ordnung" zu halten.

2.2 Schärfere Anforderungen der Financiers

Die Gepflogenheiten der Financiers und auch die rechtlichen Regelungen zur Rechnungslegung sind restriktiver geworden, die Anforderungen an die Transparenz der Unternehmen sind gestiegen. Dies bedeutet für den Mittelstand umfangreiche Aufgaben für die Datenerfassung, Datenverarbeitung und Datenpräsentation – was bislang nicht von allen Unternehmen befriedigend gelöst wird.

Banken sind risikoscheuer und schematischer geworden in ihren Finanzierungsentscheidungen. Spielräume einzelner Mitarbeiter wurden eingeengt. Banken fürchten zunehmend Kreditausfälle, haben daher ihre Geschäftspolitik auf (teils sehr deutliche) Risikovermeidung ausgerichtet und wollen einzelne Engagements in der Höhe begrenzen. Dies bedeutet für den Mittelstand: genaue und situationsgerechte, noch sorgfältigere Darstellung der mit einem Kreditengagement verbundenen Risiken einschließlich der entsprechenden Begrenzungs- und Vorsorgemaßnahmen – sowie vor allem die Auswahl der „richtigen" Bank.

- Das so genannte Rating und Basel II sind häufig Begründung für die Zurückhaltung im Kreditvergabeprozess, doch sind sie nicht die tatsächlichen Motive. Denn die Anforderungen der Bank für Internationalen Zahlungsausgleich (BIZ) in Basel haben nicht zur Folge, dass Banken bestimmte Risiken nicht mehr eingehen dürfen; Basel II bedeutet, dass Banken Risiken mit Eigenkapital angemessen unterlegen müssen. Je höher das Risiko und je mehr Eigenkapital zur Unterlegung erforderlich ist, desto teurer wird der Kredit für die Bank. Letztlich hängt jedoch das Risiko, das finanziert wird, nach wie vor von der Geschäftspolitik der Bank ab. Dies bedeutet für den Mittelstand: den Auftritt bei den Kreditinstituten möglichst kompetent und souverän vorbereiten sowie die Risiken erläutern und relativieren. Und: Bevorzugt Banken ansprechen, die zur Optimierung ihres (Kredit-)Portfolios auch höhere Risiken eingehen.

- Investoren sind anspruchsvoller geworden, sie wollen exakt beurteilen können, in welches Projekt oder unternehmerische Konzept sie investieren. Investoren wollen die mit ihrem Engagement verbundenen Chancen und Risiken „rechnen" können: Unter welchen konkreten Umständen drohen Verluste? Kompensiert die zu erwartende Rendite die eingegangenen Risiken? Dies bedeutet für den Mittelstand: potenziellen Investoren ein aussagekräftiges und attraktives Chance-Risiko-Profil vom Unternehmen und vom konkreten Engagement zeichnen.

- Die Vergabe von Fördermitteln wird angesichts verschärfter EU-Richtlinien und Wettbewerbsregeln sowie leerer Staatskassen mit immer größeren Auflagen verbunden. Dies bedeutet für den Mittelstand eine vorbereitete und gezielte Suche nach Fördermitteln und die Berücksichtigung der damit verbundenen Bedingungen bereits in frühen Phasen des Finanzierungsprozesses.

2.3 Auf den Punkt: Anforderungen an den Mittelstand

Wichtig für kapitalsuchende Unternehmen ist die Beschäftigung mit denjenigen Themen, hinsichtlich derer der Finanzmarkt besondere Bemühungen erwartet und die in den folgenden Kapiteln dieses Buchs ausführlich behandelt werden:

- die Verbesserung der Einschätzbarkeit von Unternehmen (Wie werde ich transparenter, klarer, übersichtlicher? Wie nimmt mich ein Kapitalgeber wahr, bekommt er alle nötigen Informationen? Kann er sich von mir ein angemessenes, richtiges Bild machen?);

- die sorgfältige Erfassung und Verarbeitung der relevanten Geschäfts- und Finanzdaten mit entsprechender Präsentation (Kenne ich mein Unternehmen, habe ich alle Strukturen, Prozesse und Vorgänge ausreichend analysiert? Habe ich die Ergebnisse und Schlussfolgerungen übersichtlich und plausibel dargestellt? Kann sich ein Kapitalgeber schnell ein Bild von mir machen?);

- das Aufzeigen von Geschäftschancen (Wo liegen meine besonderen Geschäftschancen? Wie spiegeln sich diese in der Umsatz- und Gewinnentwicklung? Und was sind die Voraussetzungen hierfür?);

- die Erklärung und Interpretation von allgemeinen und individuellen Unternehmensrisiken und Erläuterung möglicher Abwehrmaßnahmen (Jede Unternehmung ist mit einer ganzen Reihe an Risiken verbunden, welche sind das speziell in meinem Fall? Welche Vorsorge habe ich getroffen, diese Risiken zu vermeiden oder zumindest zu begrenzen?);

- die umfassende und leistungsfähige Risikokontrolle und Risikovermeidung (Wie kontrolliere und überwache ich mein Unternehmen, wie sieht das so genannte Controlling aus? Erkenne ich frühzeitig Fehlentwicklungen und kann ich rechtzeitig gegensteuern?);

- die Erklärung und Erläuterung des Finanzbedarfes (Kann ich Kapitalgebern erklären, warum ich die gewünschten Mittel in ausgerechnet dieser Höhe und wofür benötige? Warum gibt es zu diesem Plan keine gleich gute Alternative?);

- die zielgerichtete Auswahl der Ansprechpartner und die angemessene Kommunikation (Habe ich die „richtigen", die für mein Finanzierungsvorhaben geeigneten Kapitalgeber angesprochen? Habe ich die „richtige", die angemessene Darstellungs- und Kommunikationsform gewählt?).

3 Streckenplan zum erfolgreichen Abschluss

Anspruchsvollere Aufgaben im Finanzierungsprozess bedeuten einen größeren eigenen Beitrag der Unternehmen im Finanzierungsprozess. Kapitalgeber verlangen gerade in angespannten Markt- oder Unternehmensphasen mehr Informationen und mehr Prognosen in ausreichender Güte, um Risiken besser beurteilen zu können. Ein Streckenplan erleichtert die Lieferung der erforderlichen Daten, Erklärungs- und Prognoseansätze.

3.1 Informationsplan zur Kapitalgeberansprache

Der Informationsplan ist ein Raster, anhand dessen sich die Geschäftsstrategie eines Unternehmens und das konkrete Umsetzungskonzept nachlesen sowie nachvollziehen lassen und damit die Vorteilhaftigkeit eines Finanzierungsvorhabens für ein Unternehmen. Das Raster umfasst neben der Historie konkrete Projektionen für mindestens die nächsten zwei bis drei Jahre (auch und gerade in der Krise) sowie plausible Skizzen für die weiteren Jahre, damit Kapitalgeber die Erfolgswahrscheinlichkeiten hinsichtlich der Erreichung der avisierten Unternehmensziele abschätzen können. Um zu diesem Raster zu gelangen, sind die nachstehenden Stufen minutiös zu durchlaufen und ausreichend zu dokumentieren.

Seine Hausaufgaben gemacht hat ein Unternehmer, der erstens im so genannten Fahrstuhlgespräch innerhalb einer Minute einem Financier (glaubhaft!) erklären kann, was das Unternehmen (tatsächlich!) auszeichnet, wohin es sich entwickeln möchte und welche Chancen dabei bestehen – und der zweitens sofort im Anschluss eine umfangreiche schriftliche Darstellung und Präsentation nachliefern kann. Aufwendiger ist der Informationsanspruch des Marktes, wenn ein Unternehmen bereits zu vollmundige Darstellungen geliefert hat und dann (besonders in der Krise) eine Lieferung der Fakten schuldig geblieben ist oder sogar verbrannte Erde hinterlassen hat. In diesem Falle muss die Beschreibung der Fehlentwicklung mit den Gründen Eingang finden in die Darstellung – der sprichwörtliche Gang nach Canossa bleibt nicht erspart.

- **Definition der Alleinstellungsmerkmale**: Was macht das Unternehmen und seine Produkte oder Dienstleistungen so einzigartig, so besonders? Wodurch, in welchen Punkten unterscheidet es sich wesentlich von seinen Konkurrenten?
- **Beschreibung der unternehmensspezifischen Stärken**: Wo besitzt das Unternehmen besondere Stärken, beispielsweise im Produktionsverfahren, in speziellen Absatzmärkten oder in seiner Finanzierungsstruktur?

- **Entwicklung und Erläuterung der Geschäftsstrategie**: Wie stellt sich das Management die künftige Unternehmensentwicklung vor? Was sind die geschäftlichen Ziele? Welche Marktentwicklung wird unterstellt, wie will man sich positionieren?

- **Entwurf des grundsätzlichen operativen Konzepts**: Wie sollen die angestrebte Geschäftsentwicklung und die Ziele erreicht werden? Welche Ressourcen sollen auf eine bestimmte Art und Weise organisiert werden und welche Notfallpläne bestehen, sollte die tatsächliche negativ von der erwarteten Entwicklung abweichen?

- **Durchführung der Unternehmensanalyse**: Sind alle relevanten Informationen mit der korrekten analytischen Aufbereitung erfasst, um anschließend die Ergebnisse in Darstellung, Kommunikation und operativem Geschäft umzusetzen? Werden auch externe Faktoren beziehungsweise Veränderungen des Umfeldes berücksichtigt aufgrund von konjunkturellen oder saisonalen Schwankungen, Marktverwerfungen (gravierende und dauerhafte Veränderungen in den Angebots- und Nachfragebedingungen auf den relevanten Absatzmärkten), Nachfrageverschiebungen zu Lasten des angebotenen Produktes oder Wechselkursschwankungen und Änderungen im institutionellen Gefüge (Steuern, Zölle, Importrestriktionen etc.)?

- **Optimierung des Ratings**: Wurden die relevanten betriebswirtschaftlichen Verhältnisse und Relationen in der Folge der Unternehmensanalyse so weit als möglich verbessert, wurden „Ecken und Kanten" beseitigt?

- **Optimierung der Spielräume**: Sind alle dem Unternehmen zur Verfügung stehenden Finanzierungspotenziale genutzt worden und zusätzliche Handlungsspielräume aufgespürt (eine wichtige Aufgabe, mit der sich Unternehmen im Finanzierungsprozess unbedingt beschäftigen sollten)?

- **Erstellung des Chance-Risiko-Profils**: Wo liegen hinsichtlich der Geschäfts- und Einnahmeentwicklung die größten Chancen, wo die größten Risiken? Welche Möglichkeiten (Gewinn für Eigenkapitalgeber, pünktliche Zins- und Tilgungszahlungen für Fremdkapitalgeber) stehen den Risiken eines finanziellen Engagements (teilweiser oder vollständiger Verlust des überlassenen Kapitals) gegenüber, was sind die voraussichtlichen Eintrittswahrscheinlichkeiten?

- **Festlegung der Rahmendaten und Prognoseprämissen** (Kenntnis des Marktumfeldes und der Wettbewerber): Wie sieht das Management die gegenwärtige Marktlage und wie die voraussichtliche Entwicklung. Und: Von welchen aktuellen und von welchen prognostizierten Parametern geht die Unternehmensführung aus und warum (aus welchen Gründen werden welche Marktentwicklungen und welche Rahmenbedingungen unterstellt)?

- **Erklärung des Finanzierungsvorhabens**: Ist das Finanzierungsvorhaben beziehungsweise die Finanzierungsstrategie und das Finanzierungskonzept in der vorgestellten Form plausibel? Ist der Vortrag des Kapitalwunschs insofern verständlich, nachvollziehbar und überzeugend, als dass das gewünschte Kapital in der angegebenen Höhe optimal eingesetzt ist und keine sinnvolle Alternative besteht?

- **Ausreichende Qualität der Unternehmensführung**: Billigt der Finanzmarkt dem Management ausreichende Kompetenz und Expertise zu, die Unternehmensziele zu erreichen? Wird das Management als glaubwürdig eingestuft, ist es zur Bewältigung der anstehenden Herausforderung in der Lage und hat es bereits Krisensituation gemeistert?

- **Entwurf einer plausiblen Darstellung**: Ist die dem Finanzmarkt präsentierte Darstellung glaubwürdig, spiegelt sie die aktuelle und tatsächliche Unternehmenssituation mit allen relevanten Details, Chancen und Risiken angemessen wider? Ist sie widerspruchsfrei gegenüber einerseits früheren Präsentationen und andererseits der Unternehmenshistorie?

- **Entwurf einer zielgerichteten Präsentation**: Sind alle Informationen zum Unternehmen, zu Besonderheiten und zur Geschäftsstrategie zielgerichtet aufbereitet, d.h. an den Erwartungen und Ansprüchen der jeweiligen (Ziel-)Gruppe an Financiers orientiert?

- **Entwicklung eines Kommunikationskonzepts**: Wurde der Informationsaustausch mit Financiers professionalisiert, damit Finanzierungsanliegen (auch diejenigen von Unternehmen mit an und für sich guter Bonität) nicht an unzureichender Kommunikation scheitern? Das Ziel erfolgreicher Unternehmensfinanzierung muss sein, die geeigneten Financiers „auf der richtigen Wellenlänge" anzusprechen; auch der Informationsaustausch nach Vertragsabschluss ist i.d.R. unabdingbar.

- **Akzeptanzbereitschaft**: Ist das Unternehmen bereit, sich externen Zwängen zu beugen und sich mit Skurrilitäten des Marktes auseinanderzusetzen und diese mitunter zu akzeptieren; beispielsweise sind mittlerweile Banken dazu übergegangen, bei einer Kreditvergabeentscheidung das so genannte Rating der Firma Creditreform (Crefo-Rating) einzubeziehen, was bei einem guten Rating Vorteile im Finanzierungsprozess bringen kann. Die hierfür erforderlichen Informationen werden auf freiwilliger und unfreiwilliger Basis vom Unternehmen selbst und von Geschäftskontakten abgefragt (wie z.B. Zahlungsmoral oder Lieferantenabhängigkeit); die Verweigerung der Auskunft führt zur Verschlechterung des Rating unabhängig vom tatsächlichen Zustand des Unternehmens.

3.2 Plausibilität des Finanzierungsvorhabens

(Finanzierungs-)Fahrpläne sind nur brauchbar und sinnvoll, wenn sie verlässlich sind. So ist bei der Erstellung des Unternehmensrasters eine goldene Regel zu beachten: nur nachvollziehbare, plausible Inhalte und Aussagen. Dies bedeutet konservative, zurückhaltende Geschäftsszenarien, die sich in entsprechenden Umsatz- und Gewinnprognosen spiegeln. Euphorie ist hier fehl am Platz. Vielmehr ist jede Zahl argumentativ zu unterlegen (warum setze ich diesen Wert exakt in dieser Höhe an?).

Zur Verlässlichkeit gehören nach Möglichkeit auch aussagekräftige Marktstudien, welche die Unternehmensprognosen nicht dem Verdacht der Beliebigkeit aussetzen. Grundsätzlich sollte nur unterstellt werden, was aus heutiger Sicht tatsächlich, also mit der größten Wahrscheinlichkeit, zu erreichen ist. Zu optimistische Darstellungen und Prognosen wirken schnell unglaubwürdig und sind dann im Finanzierungsprozess nachteilig. Vernünftige und der Situation angemessene (konservative) Kalkulationen und Projektionen vermitteln den Financiers viel eher Glaubwürdigkeit und Seriosität.

Dazu kann mitunter gehören, die Darstellung nach den Regelungen des deutschen Handelsgesetzbuches (HGB) ebenfalls konservativ auszurichten und nicht etwa auf den „mittelständischen Modezug IFRS", die International Financial Reporting Standards, aufzuspringen. Denn das HGB stellt ab auf die Ermittlung eines eher operativ erwirtschafteten (ausschüttungsfähigen) Gewinns und hat den Gläubigerschutz und den nominalen Kapitalerhalt zum Ziel. Die IFRS hingegen stellen ab auf die Bereitstellung vermeintlich entscheidungsrelevanter Informationen und haben den (vordergründigen) Einblick der (Eigenkapital-)Investoren, meist Aktionäre großer börsennotierter Unternehmen, zum Ziel; hier kann auch ein erheblicher Teil des Gewinns durch Bewertungsveränderungen entstehen.

Den IFRS wird von interessiertem Kreise nachgesagt, eine entsprechende Darstellung könnte die Verhandlungsposition auch des Mittelstandes gegenüber Kapitalgebern stärken. Dieses Argument mag (vielleicht) für börsennotierte Unternehmen gelten – im typischen Mittelstand hingegen geht wirtschaftliche Solidität (auch bei Eigenkapitalgebern) vor kurzfristig maximierter (scheinbarer) Rendite. Zudem führen die IFRS mit der Abkehr vom Vorsichtsprinzip (kosmetische Auflösung stiller Reserven) und der Einengung buchhalterischer Wahlmöglichkeiten zu einer höheren Volatilität der Ergebnisse und zu stärker schwankenden Unternehmenszuständen. Die Darstellung nach dem HGB verlangt zwar nach weitergehenden Erläuterungen (wie eben hinsichtlich der stillen Reserven), jedoch suggerieren die IFRS gerade im Mittelstand häufig vermeintliche Marktwerte der Aktiva, die kaum realisierbar sind. Letztlich gilt: Neue (Bilanzierungs-)Richtlinien machen aus einem guten Unternehmen kein schlechtes und umgekehrt. Dies wissen auch die Kapitalgeber.

3.3 Konzentration auf wichtige Stationen

Ein (aufwendiger) Finanzierungsprozess kann nicht „über Nacht" durchlaufen werden, dafür erfordern die einzelnen Stationen meist einen größeren Zeitaufwand. Vielmehr ist es hilfreich, sich zu Beginn auf die wichtigsten Stationen zu konzentrieren. Hierzu gehören die Bestandsaufnahme, die Unternehmensanalyse und unmittelbar im Anschluss die Prüfung der Geschäftsidee und des unternehmerischen Konzeptes. In diesen Punkten dürfen von seiten der Kapitalgeber keine Zweifel aufkommen.

Bei der Zusammenstellung der Informationen und Daten ist überdies darauf zu achten, dass diese ausreichend Relevanz für den jeweiligen Kapitalgeber besitzen, um deren Aufnahmekapazitäten nicht unnötig zu strapazieren. Unterschiedliche Kapitalgeber sind dabei mit unterschiedlichen Informationen aus dem Datenspeicher des Unternehmens zu bedienen. Stellt beispielsweise der Umsatzeinbruch in einem Produkt aufgrund eines Modellwechsels den einwandfreien Schuldendienst in Frage, so führt dies zu nennenswerten Bonitätsabschlägen bei Kreditgebern; Eigenkapitalgeber hingegen sind bereit, mit Blick auf das gegebenenfalls erhebliche grundsätzliche Gewinnpotenzial diese Phase zu akzeptieren. Ist der Einnahmestrom aber breit genug, um diese Schwankungen verkraften und den Schulddienst problemlos leisten zu können, wird die Situation den Fremdkapitalgeber kaum beunruhigen; fehlt aber dabei die Aussicht auf kräftige Umsatzanstiege in der näheren Zukunft, so wird dies ein Eigenkapitalgeber kritisch beurteilen.

Für alle Kapitalgeber relevant sind die Dauerhaftigkeit und die Prognosegüte der Einnahmeströme und damit des (freien) Kapitalflusses – im Falle der Fremdkapitalgeber zur Bedienung des Kapitaldienstes, im Falle der Eigenkapitalgeber zur Ausschüttung eines möglichst hohen Gewinns. In der Darstellung all dieser mit Unsicherheit behafteten Prognosen besitzen Unternehmen eine gewisse Gestaltungsmöglichkeit hinsichtlich möglicher Szenarien. Doch sollte jede Skizze erklärbar und belegbar sein und eine hohe Wahrscheinlichkeit bezüglich des Erfolgseintritts aufweisen – keinen Hoffnungswert. Hilfreich ist dabei eine positive Historie mit sogar korrekten früheren Prognosen.

Wichtiges Beurteilungskriterium der Financiers ist überdies die Leistung der Geschäftsführung. Ein erfahrenes und vertrauenswürdiges Management ist ein zentrales Argument zur Kapitalgewährung. Den Leistungen des Managements und dessen Fähigkeit, schwierigen Situationen unverzüglich, angemessen und erfolgreich zu begegnen, kommt eine besondere Bedeutung zu. Nicht, dass dadurch ein instabiler finanzieller Rahmen oder eine schwache Geschäftslage vollständig kompensiert werden könnte, doch erlaubt die Qualität des Managements eine Einschätzung, mit welcher Wahrscheinlichkeit die Geschäftsziele erreicht werden und wie das Unternehmen in Krisensituationen mit der Herausforderung umgeht. Dieser Managementfaktor ist umso wichtiger, je weniger bekannt das Unternehmen am Markt und je geringer die Bonität ist. Fehlende Bekanntheit bei Financiers ist oftmals gleichbedeutend mit fehlender oder unzureichender Historie; Kapitalgeber können dann nicht auf Erfahrungswerte zurückgreifen, die ihnen bei einer Beurteilung des Managements und damit der gesamten Firma Hinweise liefern.

Abbildung 3: Stationen im Informationsstreckenplan – Information als Bringschuld

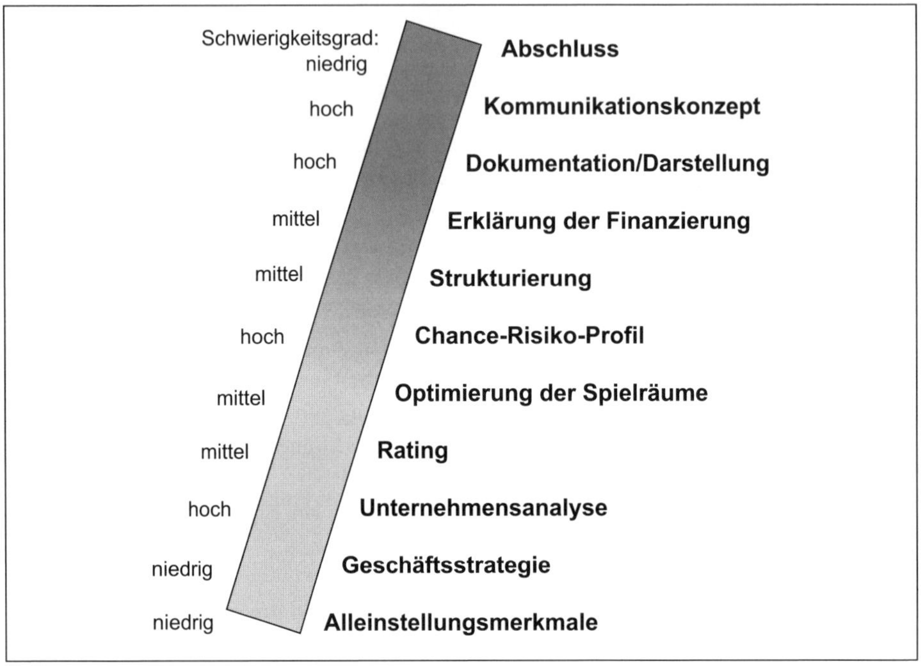

Schwierigkeitsgrad:	Station
niedrig	Abschluss
hoch	Kommunikationskonzept
hoch	Dokumentation/Darstellung
mittel	Erklärung der Finanzierung
mittel	Strukturierung
hoch	Chance-Risiko-Profil
mittel	Optimierung der Spielräume
mittel	Rating
hoch	Unternehmensanalyse
niedrig	Geschäftsstrategie
niedrig	Alleinstellungsmerkmale

Quelle: Capmarcon

3.4 Auf den Punkt: Schlüsselstellen auf dem Weg zum Erfolg

Mittelständische Unternehmen können sich auf gewandelte Anforderungen am Finanzmarkt am besten einstellen, indem sie sich auf ihre Stärken besinnen. Effektive Hilfsmittel im Wettbewerb um knappe Mittel sind darüber hinaus die detaillierte Dokumentation, Transparenz, ein an die Leistungsfähigkeit des Unternehmens angepasstes Finanzkonzept und das Verständnis um die Bedürfnisse der Kapitalgeber. Diejenigen Kapitalnehmer, die sich am schnellsten und flexibelsten auf die neuen Anforderungen der Banken, Kreditgeber und Investoren einstellen, werden nicht nur die größte Auswahl unter den möglichen Instrumenten haben, sondern auch die günstigsten Konditionen erhalten.

Glaubwürdigkeit lässt sich mit (überprüfbarer) Offenheit sowohl hinsichtlich der positiven als auch der negativen Aspekte erreichen. Über Chancen wird gerne viel gesprochen. Aber wie sieht es mit den Risiken aus? Gerade Fremdkapitalinvestoren interessieren sich zuallererst für die Frage, ob die Rückzahlung ihres Kapitals unter (nahezu) allen Umständen gesichert ist. Mögliche Unternehmensrisiken müssen deshalb detailliert und nachvollziehbar dargestellt werden. Die Glaubwürdigkeit eines Unternehmens im Finanzmarkt hängt wesentlich davon ab, ob die mit einer Anlage verbundenen Risiken in ausreichender Art und Weise kommuniziert worden sind. Schwere Glaubwürdigkeitskrisen treten gerade dann auf, wenn im Nachhinein der Eindruck entsteht, dass die Risiken der Geschäftsführung zwar bekannt waren, diese die Risiken aber in fahrlässiger Weise oder – noch schlimmer – bewusst nicht kommuniziert hat.

- Erklärung der Alleinstellungsmerkmale (Sind meine Besonderheiten und Stärken plausibel? Korrespondiert damit die Geschäftsstrategie?);
- Darstellung der (nachhaltigen) Leistungsfähigkeit (Was sind die Erfolge am Markt und wie steht es um die Kompetenz des Managements? Sind die Risiken erfasst?);
- Nachweis der Erfolge der Geschäftsführung (Was kann ich als Firmeneigner, Unternehmer, Geschäftsführer bislang an Erfolgen vorweisen? Konnte ich meine Qualitäten nicht nur in Wachstumsphasen, sondern auch in Krisenzeiten unter Beweis stellen?);
- Skizze des Wachstums- und v.a. des Ertragspotenzials mit Unterlegung durch Daten- und Zahlenmaterial (Welche künftige Entwicklung ist wahrscheinlich und warum ist sie es?);
- Ausreichende Informationen, Auskünfte und Erläuterungen des Finanzmanagements (Sind alle quantitativen Darstellungen selbsterklärend oder ausreichend erklärt? Spiegelt die Zahlendarstellung den tatsächlichen Unternehmenszustand?);
- Transparenz und Beurteilbarkeit (Gibt die Darstellung erschöpfenden Einblick in das Unternehmen? Lassen sich auf dieser Grundlage die Chancen und Risiken ausreichend genau „rechnen"?);
- Information und Kommunikation (Stelle ich dem Kapitalgeber alle zur Beurteilung, Entscheidungsfindung und späterer Kontrolle erforderlichen Daten und Fakten bereit?).

4 Unternehmensanalyse als Finanzierungsbasis

Die Unternehmensanalyse ist unverzichtbar: nur mit der umfassenden und detaillierten Kenntnis des eigenen Unternehmens lassen sich sinnvoll kalkulierbare und verlässliche Strategien und Geschäftspläne erstellen. Ohne sorgfältige Bestandsaufnahme gibt es kein frisches Kapital, denn ohne umfassenden Analyseprozess im eigenen Hause ist die Beurteilung von außen nicht möglich – und damit keine Finanzierung.

4.1 Wissen um das eigene Unternehmen

Der Analyseprozess in der Unternehmensfinanzierung beschäftigt sich zunächst mit den „harten Zahlen" – wie z.B. dem Umsatz, dem Kapitalfluss (alles, was aus der oder in die Kasse geht), den Produktionskosten, der Verschuldung und schließlich dem Rating und dessen Untersuchung. Aus den Ergebnissen lassen sich Erkenntnisse gewinnen für die Bilanzoptimierung, für die Liquiditätsversorgung und für die Stärkung des Kapitalflusses. Ebenso wichtig ist aber auch die Analyse der „weichen Faktoren" – wie z.B. die Unternehmensstrategie oder die Qualifikation der Geschäftsführung und der Mitarbeiter. Mit den Resultaten lässt sich eine quantitative wie qualitative „Unternehmenslandkarte" erstellen, die später Geldgebern und auch dem Unternehmen selbst als Orientierungshilfe dient.

Wichtige Kartenpunkte dabei sind:

- Umsätze und Kosten;
- Produktprogramm und Marktsituation;
- Produktion und Absatz;
- Investitionen, Forschung und Entwicklung;
- Management und Mitarbeiter;
- Finanzierung (Bilanz, Gewinn- und Verlustrechnung, Kapitalflussrechnung, Verschuldungs- und Vermögenslage, Sicherheitenspiegel) und Ausblick.

Ein Unternehmen, das über Abläufe, Strukturen, Rahmenbedingungen und Finanzen detailliert Kenntnis besitzt und dies auch entsprechend dokumentiert, verfügt am Finanzmarkt über einen Attraktivitäts- und Wettbewerbsvorteil gegenüber denjenigen Unternehmen, die ihre wirtschaftlichen Verhältnisse nicht im Detail kennen, keine Vorstellungen zu etwaigen Verbesserungsmöglichkeiten besitzen und Financiers in der Konsequenz keine wahrheitsgetreue Darstellung präsentieren können.

In der Phase der Unternehmensanalyse erfolgt auch eine Beantwortung aller nur denkbaren Fragen zum Unternehmen und zu seiner Entwicklung, die Financiers stellen könnten. Unklarheiten werden ausgeräumt. Viele Fakten, Zustände, Verhältnisse und Perspektiven eines Unternehmens sind selbsterklärend. Es gibt aber eine mindestens ebenso große Zahl an Parametern, die erklärungs- und interpretationsbedürftig sind (so beispielsweise die Notwendigkeit bestimmter Lagerbestände oder die Höhe von Forschungs- und Werbeaufwendungen oder etwaige Strukturbrüche in Zeitreihen).

Hier hat das Finanzmanagement die Aufgabe, die von Investoren und Kreditgebern empfundene Komplexität in der Unternehmensdarstellung und -beurteilung zu reduzieren; v.a. darf es in der Unternehmensdarstellung und -kommunikation keine Darstellungen und Aussagen geben, die bei Financiers Fragen aufwerfen. Eine umfangreiche, präzise und detaillierte Unternehmensanalyse, aus deren Ergebnissen zudem die Maßnahmen zur Beseitigung von Fehlstrukturen und Defiziten abgeleitet werden, verbessert nachhaltig die Bonität von Unternehmen.

Zu Beginn der Untersuchung wird ein so genanntes Lastenheft erstellt, in welchem die Untersuchungsfelder und die festzuhaltenden Größen definiert werden. Im Prozess können sich Erweiterungen und Verbesserungen ergeben, die ebenfalls festzuhalten sind. Diese Vorgehensweise sollten auch kleinere Betriebe wählen. Die Unternehmensanalyse erfolgt mittels zahlreicher relevanter quantitativer wie qualitativer Geschäftsgrößen, -kennziffern und -zustände.

Untersuchungsbereiche sind:

- Unternehmensstrategie und das Management;
- Planung und Überwachung (v.a. Dokumentation und Berichtswesen);
- Funktionsfähigkeit der innerbetrieblichen Strukturen;
- Abläufe (Einkauf und Lager, Produktion, Marketing und Vertrieb, Transport und Logistik);
- Unternehmensplanung und -steuerung;
- Personalwesen;
- Rechnungs- und Finanzwesen, Liquiditätsmanagement;
- Kosten- und Leistungsrechnung;
- Preispolitik, markt- und kostengerechte Produktpreiskalkulation.

Der jeweilige Detaillierungsgrad ist abhängig von der Komplexität des operativen Geschäftes und der Bedeutung beziehungsweise der relativen Höhe des Finanzierungsvorhabens.

Untersucht werden auf diesen Feldern Fluss- und Bestandsgrößen, Preise und Mengen sowie Strukturen – wie etwa Marktpreise, Einkaufspreise und Einkaufsmengen, Produktionskosten, Lagerbestände, Absatzzahlen, Organisationsstruktur der Vertriebslogistik, Verschuldungsgrade, Kapitalkosten, Kontrollmechanismen. Überdies ist von Bedeutung die Flexibilität eines Unternehmens, mit der es Einfluss auf diese Größen nehmen kann (z.B. wie schnell und in welchem Umfang Produktionskosten verringert, Lagerbestände abgebaut oder Finanzierungskosten gesenkt werden können). Auf Grundlage dieser Faktoren lässt sich ein Unternehmen wirtschaftlich korrekt beschreiben, aus den Ergebnissen leiten sich die Bonität und das Rating ab – ein Qualitätssiegel für die Kapitaldienstfähigkeit.

4.2 Informationsbedarf der Kapitalgeber

Financiers legen Wert auf Informationen, die ihnen die Beurteilung der Leistungsfähigkeit eines Unternehmens und des mit der Kapitalüberlassung verbundenen Risikos erlauben. Die Informationen zum operativen Geschäft umfassen die aktuellen und erwarteten Umsätze (Aussagen zur gegenwärtigen und zukünftigen Geschäftsentwicklung), die Gewinn- und Verlustrechnung, die Anfälligkeit der Finanzpositionen gegenüber Veränderungen des konjunkturellen und institutionellen Umfelds und die Analyse der Schwachstellen. Die Informationen zum Finanzwesen geben Aufschluss zur Bilanzstruktur, zur Höhe und Struktur der Verschuldung, zur aktuellen Finanzsituation (Liquidität, Kapitalfluss etc.) und zu Forderungen, zur Werthaltigkeit von Aktivpositionen und Sicherheiten sowie zum mittelfristigen Änderungspotenzial.

Hinzu kommen weitere Informationen zur individuellen Finanzmarktposition des Unternehmens, eine Analyse der Kapitalgeberbasis (z.B. Bankenspiegel, Anteilseigner) und deren Anlagemotivation, zur Risikoprämie und Marktakzeptanz sowie zur Konkurrenz und deren Finanzierungsstruktur (z.B. zur Notwendigkeit einer bestimmten relativen Höhe an Betriebsmitteln in der jeweiligen Branche). Schließlich werden externe Analysen zur voraussichtlichen Markt- und Branchenentwicklung ausgewertet (z.B. auch für einen bestimmten Handwerkszweig).

Dieser Datenkranz wird vervollständigt um weitere relevante Informationen (nachfolgende Beispiele abhängig von der Relevanz und den Besonderheiten des jeweiligen Geschäfts):

- Managementleistung, den operativen Bereich eines Unternehmens erfolgreich neu auszurichten;
- Fähigkeit der Unternehmensführung, auf Krisensituationen zu reagieren;
- strategische Unternehmensausrichtung;
- Darstellung der bisherigen Finanzierungspolitik;
- etwaige Besonderheiten, wie wesentliche Änderungen in Zoll-, Handels- und Devisenfragen oder im Steuer-, Wirtschafts- und Umweltrecht.

4.3 Relevante Analysefelder und ihre Aussagekraft

Grundsätzlich unterscheidet sich die Unternehmensanalyse in die so genannte quantitative Untersuchung und die so genannte qualitative Untersuchung. Die quantitative Analyse erfasst in einem Unternehmen sämtliche relevanten Zahlen. Dies erlaubt Aussagen und Erläuterungen zu allen Geschäftsvorgängen, zur Geschäftsentwicklung und zu den Finanzen (jeweils für den Zeitraum der vergangenen drei Jahre). Gleiches gilt hinsichtlich der entsprechenden Planungen und Prognosen (i.d.R. für den Zeitraum der kommenden fünf Jahre, ggf. über die gesamte Laufzeit einer gewünschten Finanzierung). Wichtig bei mittelständischen Unternehmen, bei denen der Eigner selbst in die Finanzierung involviert ist, sind die privaten wirtschaftlichen Verhältnisse der Eigner, so die Einkommens-, Verschuldungs- und Vermögenssituation; in idealer Weise wird dies dokumentiert mittels Selbstauskunft, Grundbüchern oder Konto- und Depotauszügen.

Ein wichtiger quantitativer Indikator zur Beurteilung des Unternehmenszustandes und der Finanzsituation ist die Ertragsstärke (Erlöse abzüglich produktionsabhängiger Kosten). Sie gibt Aufschluss über die Flexibilität im Wettbewerb und signalisiert Wachstumskraft sowie Bonität im Hinblick auf geplante Kapitalmaßnahmen. Zur Beurteilung der Finanzsituation kommen hinzu der Kapitalfluss und die Liquidität. Die Kapitalflussrechnung gibt Aufschluss darüber, ob während des Planungszeitraumes mit (den Produktionsprozess beeinflussenden) Liquiditätsengpässen oder sogar mit existenzgefährdenden Krisensituationen (Insolvenz) zu rechnen ist.

Wichtig ist auch die Erlösstruktur, d.h. mit wie vielen und welchen Kunden, in welcher Schwankungsstärke und in welchen Währungen die Einnahmen anfallen. Ein weiteres quantitatives Kriterium ist die Profitabilität (gemessen am Verhältnis von Betriebsergebnis oder dem Ergebnis vor/nach Steuern und dem Aufwand/den Kosten) beziehungsweise die Margenstärke (Verhältnis von Umsatz zu Gewinn), die Hinweise geben auf die Rentabilität eines Unternehmens und den Erfolg der Unternehmensstrategie in einer bestimmten Branche.

Die Liquiditätslage gibt Auskunft darüber, ob ein Unternehmen über ein ausreichendes finanzielles Polster verfügt und die Zahlungsfähigkeit zu jeder Zeit sichergestellt ist. Zur Liquidität zählen neben den unmittelbar verfügbaren Geldbeständen auch die mittelbar einsetzbaren Finanzvolumina, z.B. bereits zugesagte Kreditlinien oder eine bereits durch die Gesellschafterversammlung genehmigte Kapitalerhöhung (gegebenenfalls können hierzu auch zügig zu veräußernde Aktiva zählen). Der (freie) Kapitalfluss signalisiert die Solvabilität einer Unternehmung (was steht dem Unternehmen an Finanzmitteln frei zur Verfügung?) und ihre finanzielle Manövrierfähigkeit, was Hinweise liefert zur Anfälligkeit des Unternehmens gegenüber exogenen Schocks und für die Wahrscheinlichkeit einer (ernsthaften) Krisensituation.

Die Verschuldung in ihrer Höhe, Struktur, Laufzeit und gegebenenfalls Währung liefert Hinweise zur Ausgewogenheit der Finanzierung. Ein wichtiger Indikator für die Finanzstärke eines Unternehmens ist die Fremdkapitalquote, d.h. der Verschuldungsgrad der Gesellschaft. In der überwiegenden Mehrheit der (deutschen) Unternehmen ist die Aktivseite der Bilanz vornehmlich über Fremdkapital finanziert. Da hiermit – im Gegensatz zum Eigenkapital – ein fester, unbedingt zu leistender Zahlungsplan verbunden ist, kommt der Analyse der Fremdkapitalseite besondere Bedeutung zu.

Kriterien sind in diesem Zusammenhang die Höhe der Verschuldung, ihre Konditionen und Struktur (nach Kreditart und Kreditgeber), ihre Laufzeit sowie die Währung, in der sie besteht. Bei Fremdwährungsschulden bestehen Wechselkursrisiken. Dabei müssen auch versteckte Belastungen berücksichtigt werden. Dazu gehören Positionen, die erst in der Zukunft zu (nennenswerten) Belastungen führen, so z.B. Pensionszusagen oder Optionsprogramme für Mitarbeiter. Hinzu kommen Leasingverpflichtungen.

Die Ergebnisse dieser Analyse geben Hinweise auf mögliche Ungleichgewichte in der Finanzierung beziehungsweise auf kritische Kapitalrelationen, bei denen Kapitalgeber aufmerksam werden und möglicherweise sogar zu große Risiken sehen, (weitere) Mittel zu vergeben. Akuter Handlungsbedarf für das Unternehmen besteht beispielsweise, sofern das jeweilige Verhältnis einen Wert annimmt von:

- liquide Mittel/kurzfristiges Fremdkapital < 0,4;
- (liquide Mittel + Forderungen)/kurzfristiges Fremdkapital < 1,0;
- (liquide Mittel + Forderungen + Vorräte)/kurzfristiges Fremdkapital < 1,2;
- Eigenkapital/Bilanzsumme < 0,2;

- Umsatz/Vorräte [abhängig von Branche] < 1,7;
- Lagerbestand (Tage im Durchschnitt) > 200;
- Gesamtverschuldung/freier Kapitalfluss > 8;
- (Gesamtverschuldung – liquide Mittel)/Betriebsergebnis > 5;
- Betriebsergebnis/(Zinsaufwand – Zinsertrag) > 4.

Vor diesem Hintergrund beschäftigt sich die quantitative Unternehmensanalyse intensiv mit folgenden Größen:

- **Umsatz und Bilanzsumme**: Sie geben Hinweise zur Größe des Unternehmens, zur Stabilität und Konstanz der Geschäftsentwicklung.
- **Ertragsströme**: Sie geben Aufschluss zur Kongruenz der Einnahmen mit den Ausgaben (bei unterschiedlichen Währungen mit Absicherung etwaiger Wechselkursschwankungen), also zur Ausgewogenheit der Unternehmensstrategie und zur Güte des Geschäftskonzeptes.
- **Entwicklung der Kosten und Kostenstruktur**: Sie geben Hinweise darauf, wie gut das Management sein Unternehmen im Griff hat und Marktentwicklungen vorausgesehen hat, wie gut Effizienz und Organisation sind.
- **Höhe, Struktur, Laufzeit und Währung der Verschuldung**: Sie geben Aufschluss zur Flexibilität und Leistungsstärke des Finanzmanagements, sie signalisieren die Ausgewogenheit der Finanzierung.
- Über die **Verschuldung hinausgehende Verpflichtungen** wie Pensionen, Rückstellungen oder Leasingverpflichtungen: Sie liefern Hinweise auf versteckte Belastungen und zur Qualität des Risikomanagements.
- **(Freier) Kapitalfluss**: Er gibt Aufschluss zur Solvabilität einer Unternehmung und deren finanzieller Manövrierfähigkeit, er indiziert die Widerstandsfähigkeit gegenüber stärkeren Schwankungen in der Umsatzentwicklung und die Kapitaldienstfähigkeit.
- **Liquidität**: Sie ist ein Maß für die (vorübergehende) Unabhängigkeit von externen Kapitalgebern.
- **Profitabilität** (Ergebnisse vor/nach Abschreibungen, vor/nach Zinszahlungen oder vor/nach Steuern): Sie gibt Aufschluss zur Ertragsstärke eines Unternehmens und zum Erfolg der Unternehmensstrategie.

Bereits ein Klassiker unter Banken ist die so genannte Betriebswirtschaftliche Auswertung (BWA), eine Detailzusammenstellung aus Gewinn- und Verlustrechnung, Kapitalflussrechnung und Bilanz. Die BWA soll möglichst genaue Aussagen zur Vermögenslage und zur (Eigen-)Kapitalsituation, zur Ertrags- und Kostensituation und damit zur Gewinn-/Verlustentwicklung erlauben. Wesentliche Unterschiede sind im Vergleich zur Gewinn- und Verlustrechnung die Darstellung in Monatszeiträumen bis zum aktuellen Rand (einschließlich der Gewinnverwendung) und der direkt zugegliederte Vergleich mit dem entsprechenden Vorjahresmonat sowie die Auflistung zahlreicher Einnahme- und Kostenpositionen entsprechend Kontenrahmen. Gleiches gilt im Vergleich zur Kapitalfluss- und Liquiditätsbetrachtung. Schließlich gibt die BWA einen differenzierten Überblick zur Vermögenslage (Anlage- und Umlaufvermögen) – jeweils wieder auf Monatsbasis und im Vergleich zum Vorjahr; auch Privatentnahmen werden ausdrücklich berücksichtigt. Die BWA ist mit ihrem hohen Detaillierungsgrad i.d.R. besser für kleine und kleinste Unternehmen geeignet, in denen private und geschäftliche Tätigkeiten und Vorgänge eine weniger deutliche Trennschärfe aufweisen als in größeren Betrieben.

Diese geschilderten quantitativen Faktoren finden ihr Gegenstück in der Analyse der so genannten weichen, der qualitativen Faktoren. Die im gängigen Sprachgebrauch verwendete Bezeichnung „weich" ist keinesfalls eine Herabstufung in der Bedeutung gegenüber den Fakten in Zahlenform, sie rührt vielmehr von der Tatsache her, dass sich diese Faktoren kaum numerisch erfassen lassen, Auslegungsspielräume besitzen und nur recht schwer „rechenbar" gemacht werden können. Gleichwohl kommt ihnen in Krisensituationen eine ähnliche Bedeutung zu wie den quantitativen Faktoren.

Wichtigster qualitativer Faktor ist die Leistung der Geschäftsführung, insbesondere bei der Überwindung von Krisensituationen. Die Managementleistung misst sich – neben dem Erfolg der Geschäftsstrategie – auch an der Reaktionsfähigkeit des Unternehmens auf Veränderungen am Markt. Diese Reaktionsfähigkeit signalisiert die Wahrscheinlichkeit, dass ein Unternehmen trotz negativer Einflüsse keinen oder nur geringen Schaden davonträgt. Eine entsprechende Dokumentation sollte daher mit Überzeugungskraft und dem erforderlichen Umfang erfolgen.

Forschung und Entwicklung sind für viele Unternehmen die Grundlage des künftigen Erfolges, der Forschungsaufwand und die Forschungsgüte beziehungsweise -erfolge geben Hinweise auf die Innovationsfähigkeit und die Erschließung zukünftiger Absatzpotenziale und somit die Wachstumskraft. Ein Indikator für dieses Potenzial ist beispielsweise die Zahl der angemeldeten Patente oder eine Einschätzung zur so genannten Produktpipeline, d.h. der Anzahl von Produkten im Stadium zwischen Entwicklung und Marktreife. Der Standort eines Unternehmens wiederum liefert Hinweise zur Infrastruktur, die Unternehmensorganisation zur Kostensituation und Produktionsstabilität.

All diese Faktoren „erklären" ein Unternehmen, geben Aufschluss über seinen institutionellen Rahmen, seine Stärke im Wettbewerb. Eine wichtige Aufgabe der Unternehmensfinanzierung ist es deshalb, (potenziellen) Kapitalgebern die qualitativen

Größen darzustellen, zu erklären, zu interpretieren und Verhältnisse wie Fakten in den richtigen Zusammenhang zu setzen.

Die qualitative Unternehmensanalyse beschäftigt sich intensiv mit den folgenden Größen und Themenfeldern:

- Unternehmensausrichtung: Strategie, Konzept, Markt, Produkte, Alleinstellungsmerkmale;
- Geschäftspotenzial;
- Wettbewerbervergleich;
- Unternehmenshistorie;
- Personen/Persönlichkeiten und Management;
- Perspektiven;
- Risiken und vorbeugende Maßnahmen;
- Zustand des Rechnungs-, Berichts- und Planungswesens;
- Finanzierungsstrategien, individuelle Vorbereitung auf Finanzierungsgespräche, Aufbereitung der Daten und Informationen, Finanzierungsbuch;
- Sicherheiten (für Kapitalgeber);
- qualitative Rating-Faktoren und die Optimierung der Bewertung;
- Kommunikationskonzepte und Kommunikationsstrategien.

Quantitative wie qualitative Faktoren und Größen sowie die entsprechenden Analyseergebnisse werden nun zu einem aussagekräftigen und objektiven Unternehmensbild zusammengeführt und dabei nach Themenfelder gegliedert wie

- operatives Geschäft,
- Qualifikation der Mitarbeiter (einschließlich Management),
- Finanzbereich,
- Risiken,
- rechtlicher/institutioneller Rahmen,
- Ausblick und
- schließlich Punkte, die im Rahmen des externen Rating von Relevanz sind.

Operatives Geschäft

Die analytische Aufbereitung des operativen Geschäftes führt zu Erkenntnissen und Einschätzungen über die aktuellen sowie künftig zu erwartenden Zahlungsströme und das Ausmaß ihrer Anfälligkeit gegenüber Veränderungen des Umfeldes. Neben der Struktur der unternehmensinternen Leistungserstellung gehören zu den möglichen externen Veränderungen beispielsweise konjunkturelle oder saisonale Umsatzschwankungen, Nachfrageverschiebungen zu Lasten des angebotenen Produkts, Umweltauflagen, Wechselkursschwankungen (und damit Preisverschiebungen) sowie Änderungen im institutionellen Gefüge wie Zölle, Importrestriktionen oder ähnliches.

Die Untersuchung der Umsatzentwicklung und die Umsatzprognose geben Aufschluss zu den Quellen, aus denen sich die Erlöse speisen; sie geben Aufschluss, aufgrund welcher (Markt-)Veränderung die Erlöse wie stark schwanken bzw. zukünftig schwanken können. Den teils erheblichen Chancen müssen aber auch die unweigerlichen Risiken gegenübergestellt werden. Dabei ist auch von Bedeutung, welche Auswirkungen die einzelnen Finanzierungsvorhaben für die Zahlungsströme haben, d.h. insbesondere die zeitliche Einnahmewirksamkeit von Investitionen und Maßnahmen. Auch wenn in manchen Fällen eine Zurechenbarkeit nicht eindeutig möglich sein sollte, so ist es von Vorteil, auf eine einnahmestärkende Wirkung der geplanten Finanzierungsmaßnahme ausdrücklich hinzuweisen.

Qualifikationen der Mitarbeiter und der Geschäftsführung

Untersucht wird das so genannte Humankapital, also die Qualifikation der Belegschaft und deren Fluktuation (Häufigkeit des Wechsels/Ausscheiden von Mitarbeitern). Dies gilt besonders auch für das Management und gegebenenfalls leitende Mitarbeiter mit einer Analyse der bisherigen und aktuelle Leistungen sowie Maßnahmen und Entscheidungen. Den Leistungen des Managements und dessen Fähigkeit, in schwierigen Situationen schnell und erfolgreich zu reagieren, kommen in der Finanzanalyse eine große Bedeutung zu.

Finanzbereich

Hierzu gehört die Untersuchung der Daten aus der Bilanz, der Gewinn- und Verlust- sowie der Kapitalflussrechnung. Analysiert werden zudem die Forderungen auf regionale Konzentrationen oder die wechselseitigen Abhängigkeiten mit Drittschuldnern, um somit eventuelle systematische Risiken zu identifizieren und zu eliminieren. Ebenso wird die Verschuldung nach Art und Struktur untersucht sowie die rechtliche Gestaltung der Verschuldung.

Risiken

Eine umfassende Würdigung erhält das Risikopotenzial des Unternehmens, indem sämtliche Einzelrisiken zu identifizieren versucht werden und deren mögliche Auswirkungen auf die Unternehmens- und Finanzentwicklung; dies bedeutet auch das Durchspielen von Krisenszenarien sowie das Entwerfen von Vorsorge- und Gegenmaßnahmen (Krisenprävention).

Rechtlicher Rahmen

Rechtliche (auch steuerrechtliche) Fragen werden beim Finanz- und Liquiditätsmanagement häufig unterschätzt. Dabei können rechtliche Gegebenheiten die Finanzstruktur eines Unternehmens maßgeblich beeinflussen. Dies betrifft im Wesentlichen sechs Bereiche:

- rechtliche Bestimmungen (einschließlich Arbeitsrecht) für das jeweilige operative Geschäft;
- Auflagen zum Umweltschutz;
- rechtliche Bestimmungen im grenzüberschreitenden Güter- und Dienstleistungsverkehr;
- rechtliche Regelungen/Urteile zur Konstruktionen von Finanzinstrumenten;
- sich ändernde Gepflogenheiten/Verhaltensweisen im Finanzierungsgeschäft;
- Steuer- und Finanzmarktgesetzgebung sowie Gesellschaftsrecht.

Bei dieser Analyse aus Unternehmersicht ist die Frage entscheidend, ob veränderte rechtliche Rahmenbedingungen die Zahlungsströme – und damit letztlich die Kapitaldienstfähigkeit – beeinflussen. Ebenso können arbeitsrechtliche (Neu-)Regelungen zu einem veränderten Kapitalfluss führen. Noch bedeutsamer sieht es für export- oder importorientierte Unternehmen hinsichtlich Ein- und Ausfuhrkontingenten sowie Zöllen/Steuern aus. Auch Steuergesetze beziehungsweise deren Änderungen haben einen Effekt auf die Unternehmensfinanzen.

Ausblick

Die bisherigen Ausführungen zur Unternehmensanalyse bezogen sich meist auf die Vergangenheit bis zum aktuellen Stand, dem Status quo. Kapitalgeber möchten aber auch eine Einschätzung des Unternehmens zur zukünftigen Entwicklung der relevanten Bereiche und Faktoren. Daher ist es die Aufgabe der Geschäftsführung, zu den oben genannten Themenfeldern einen Ausblick auf die zu erwartende Entwicklung zu geben und diesen zu begründen. Von Interesse ist dabei, welche für das Unternehmen relevanten Rahmen- und Marktbedingungen sowie Trends sich in welcher Stärke verändern und welche Auswirkungen dies auf den Geschäftsverlauf hat. Zur entsprechenden Darstellung gehören auch die diesen Prognosen unterliegenden Annahmen und ihre Eintrittswahrscheinlichkeiten.

Rating

Das Rating eines Unternehmens durch einen Kapitalgeber beziffert (bei Krediten/Fremdkapital) die Wahrscheinlichkeit des Ausfallrisikos eines bestimmten Engagements oder – in umgekehrter Sichtweise – die Wahrscheinlichkeit eines zuverlässigen Kapitaldienstes seitens des Kapitalnehmers. Die höchste Ratingklasse bedeutet dabei höchste Qualität und geringstes Risiko für den Kapitalgeber, also eine außerordentlich starke Zahlungsfähigkeit des Schuldners (Zinszahlungen sind gesichert durch eine hohe fundamentale Stärke des Unternehmens). Die niedrigste Ratingklasse bedeutet ein hohes Risiko, den Schuldendienst nicht mehr korrekt erfüllen zu können (Unternehmen weist erhebliche Bonitätseinschränkungen auf, die langfristige Zahlungsfähigkeit ist nicht mehr gesichert, die Zahlungswilligkeit nicht gewährleistet oder die Zahlungen sind bereits im Verzug).

Unerlässlich zur Verbesserung des Ratings ist die Schwachstellenanalyse im Unternehmen. Engpässe, Ineffizienzen und Ressourcenmangel sind dabei ebenso aufzudecken wie Überkapazitäten und Defizite im Finanzbereich. Eine Bestandsaufnahme der im Unternehmen vorhandenen und einsetzbaren Ressourcen lässt die realistische Einschätzung zu, in welchem Umfang eine bestimmte Konzeption überhaupt aus eigener Kraft umgesetzt werden kann und an welchen Stellen Veränderungs- oder sogar Restrukturierungsbedarf besteht.

Diese Schwachstellenanalyse und die Optimierung des Ratings lassen sich auf der Basis der zuvor beschriebenen umfassenden Unternehmensuntersuchung bewerkstelligen. Das individuelle Unternehmensrisiko ist zwar über Nacht kaum zu verändern, gravierende, fundamentale Fehlentwicklungen (besonders im quantitativen Bereich) erfordern häufig eine Korrekturzeit von mehreren Monaten oder gar Jahren. Hingegen lassen sich gerade im qualitativen Bereich die im Rahmen des Ratings zu treffenden Einschätzungen oftmals kurzfristig verändern.

4.4 Bewertung von Sicherheiten

Ein wesentlicher Bereich in der Mittelstandsfinanzierung ist die Bewertung der gegebenen und zur Verfügung stehenden Sicherheiten. Da es hier nur selten (z.B. bei Kontoguthaben/Barbestand) objektive, eindeutige Verfahren gibt, ist denn auch die „Wertschätzung" der Sicherheiten je nach Kreditinstitut unterschiedlich. Vor diesem Hintergrund kommt der unternehmenseigenen Bewertung von entsprechenden Aktiva im Rahmen der quantitativen und auch qualitativen Analyse erhebliche Bedeutung zu, denn damit können Banken belastbare Referenzwerte geliefert werden, die diese meist nicht unbeachtet lassen dürften.

Entscheidend ist der Beleihungswert, nicht der Zeitwert (laut Bilanz) und oft auch nicht der Marktwert (z.B. kürzlich erzielte Transaktionspreise vergleichbarer Immobilien oder laut Gutachter). Hinzu kommt, dass vom Beleihungswert meist auch noch ein Sicherheitsabschlag vorgenommen wird. Hier gibt es keine festen Regeln und daher bestehen innerhalb bestimmter Grenzen Beeinflussungs- und Gestaltungspotenziale seitens der Unternehmen; es kommt auf die überzeugende und nachvollziehbare Argumentations- und Beweisführung an.

Grundsätzlich eignen sich marktgängige und leicht veräußerbare Aktiva zur Besicherung, wie z.B. Wertpapiere und auch noch Immobilien, bestimmte Fahrzeuge oder Maschinen. Hingegen sind Aktiva weniger zur Besicherung geeignet (z.B. Geschäftseinrichtungen, Spezialprodukte/-waren oder auch Kundenforderungen), deren:

- Marktgängigkeit gering ist;
- Bewertung und Verwertbarkeit aufwendig sind;
- Wertverlust im Zeitablauf groß ist.

Mittelständische Unternehmen sollten ihre Aktivpositionen in der Bilanz, die als Sicherheiten dienen könnten, regelmäßig prüfen, bewerten und „unter Beweis stellen", so z.B. die Werthaltigkeit von Beteiligungen, von Forderungen, von immateriellen Gütern (Patente und eigens entwickelte Software), zudem der Wert des Warenlagers oder die Modernität und Marktgängigkeit des Maschinenparks. Diese Positionen sollten (Fremdkapitalgebern gegenüber) ausreichend dargelegt und erklärt werden, am besten in einem festen Turnus (mindestens einmal jährlich) und in einem persönlichen Gespräch.

Grundsätzlich gilt: Mit Sicherheiten nicht „verschwenderisch" umgehen! D.h. zum ersten, auf den richtigen Wertansatz beim jeweiligen Kapitalgeber achten; zum zweiten, eine Reserve an leicht verwertbaren Sicherheiten für Notfälle (Liquiditätsengpässe) zurückbehalten; zum dritten Positionen definieren, die zur Stellung von Sicherheiten nicht in Frage kommen (z.B. Lebensversicherung oder Altersvorsorge des Unternehmers; anders eine Risikolebensversicherung, die oft zur Absicherung von Krediten bei kleinen eignergeführten Firmen dient). Ein Unternehmen sollte Kredite zudem einzeln absichern und keine globale Absicherung geben. Auch empfiehlt es sich, bei Krediten einen möglichst großen Anteil „unbesichert" zu erhalten, oder zu versuchen, bei Besicherung möglichst gute Konditionen auszuhandeln.

Nichtsdestotrotz werden Unternehmen Wertabschläge auf ihre als Sicherheiten angebotenen Aktiva akzeptieren müssen – selbst auf Wertpapierdepots, Immobilien oder marktgängige Maschinen. Diese **Abschläge** auf den Markt- beziehungsweise Verkehrswert betragen im Durchschnitt bei:

- Sparverträgen (Bausparguthaben und Lebensversicherungen) bis zu 15 %;
- Wertpapieren und Finanzbeteiligungen bis zu 100 %,
    - Anleihen zwischen 10 und 25 %,
    - Investmentfonds zwischen 20 und 50 %,
    - Aktien zwischen 40 und 60 %,
    - geschlossene Fonds zwischen 50 und 100 %;
- Immobilien zwischen 10 und 40 % (bei fehlender Drittverwendbarkeit bis zu 100 %);
- Maschinen und Fahrzeugen zwischen 30 und 50 %;
- Einrichtungen und Warenlagern zwischen 40 und 80 %;
- (Kunden-)Forderungen zwischen 10 und 60 %;
- Bürgschaften und Garantien je nach Bonität des Bürgschafts-/Garantiegebers.

Sicherheiten werden umso wichtiger, je stärker die Erlösschwankungen sind (oder die Gefahr plötzlicher starker Schwankungen besteht) und in um so größerem Verhältnis das Fremdkapital zum freien Kapitalfluss steht, je höher die Verschuldung und je schlechter und je unsicherer die Ertragslage. Steigt beispielsweise das Risiko, eine Verbindlichkeit nicht mehr aus dem Kapitalfluss bedienen zu können, „finanzierungsgefährdend" an, so muss diese Entwicklung meist kompensiert werden durch die Überlassung von (neuen) Sicherheiten.

Die Bedeutung möglichst hoher Wertansätze für diese Sicherheiten ist offensichtlich. Stehen allerdings keine verwertbaren Sicherheiten mehr zur Verfügung, so bleibt als Finanzierungsalternative die Option seitens des Unternehmers, eine persönliche Bürgschaft abzugeben, oder die Option seitens der bisherigen Eigentümer, Anteile an ihrem Unternehmen zu veräußern (Kapitalerhöhung unter Ausschluss der Alteigentümer).

Abbildung 4: Kräftige Abschläge auf Sicherheiten – nicht Markt- und Verkehrswert zählen

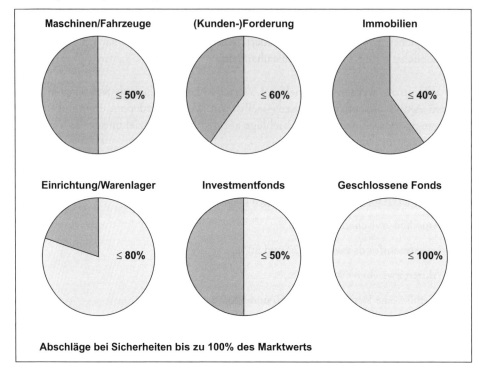

Quelle: Capmarcon

4.5 Auf den Punkt: Inhalt und Zweck der Unternehmensanalyse

Die finanzierungsentscheidenden Hürden sind die Tragfähigkeit der Finanzierung und die ausreichende Stärke zur Leistung des Zins- und Kapitaldienstes: Wie viel an Verbindlichkeiten oder Beteiligungskapital kann ein Unternehmen tragen, ohne Gefahr zu laufen, den Handlungsspielraum existenzgefährdend einzuschränken oder gar insolvent zu werden? Oder: Durch welche Instrumente kann eine interessante Akquisition, die zwar hohe (Rendite-)Chancen aufweist, aber auch mit entsprechenden Risiken verbunden ist, finanziert werden?

Die entscheidenden Erkenntnisse hierzu liefert die Unternehmensanalyse; sie macht die entsprechenden Risiken rechen- und damit beurteilbar. Auf diese Weise lässt sich Financiers gegenüber plausibel darstellen, dass eine dem eingegangenen Risiko (Kapitalverlust) angemessene finanzielle Kompensation (Zins/Rendite) aus einem ausreichend dimensionierten freien Kapitalfluss gezahlt werden kann. Letztlich gilt: Risiken müssen „rechenbar" gemacht werden!

An der quantitativen wie qualitativen Unternehmensanalyse führt kein Weg vorbei, sie ist Basis jeder erfolgreichen, effizienten und dauerhaften Finanzierung. Dazu gehört nicht nur die operative und finanzielle Untersuchung, sondern auch eine Standortbestimmung des Unternehmens auf seinen Absatzmärkten sowie dem Finanzmarkt. Und ohne aussagekräftige Analyseergebnisse lässt sich das Finanzierungsvorhaben – noch dazu in angespannten Unternehmenssituationen – nicht „am Markt verkaufen".

- Detaillierte Erfassung des Unternehmens und des Geschäftsbetriebs in Wort und Zahl (Ist mein Zahlenwerk umfassend und detailliert genug, um ein wahrheitsgetreues Bild meines Unternehmens zu geben? Kann ich jede Zahl, jede Veränderung und jede Entwicklung erklären?);
- Analyse des operativen Geschäftes und seiner Einflussfaktoren (Wie sieht mein Geschäftsbetrieb aus und wovon hängt sein Erfolg ab?);
- Beschreibung aller Zustände und Vorgänge (Ist jeder Vorgang im Unternehmen sinnvoll und nachvollziehbar zu erklären?);
- Auswertung der Analyseergebnisse auf Defizite und Verbesserungsmöglichkeiten (Welche Aussagen liefern mir die Ergebnisse meiner Unternehmensanalyse? Was bedeuten diese? Sind Verbesserungen möglich, und wenn ja, welche und in welchem Umfang?);
- Untersuchung der Einnahmewirksamkeit von Investitionen und anderen Maßnahmen (Welche Investitionen führen in meinem Unternehmen innerhalb welcher Zeit zu welchen Veränderungen in Umsatz und Gewinn?);
- Aufzeigen der wahrscheinlichen Marktentwicklung und damit Plausibilisierung der Umsatzpotenziale (Welche Einschätzung zur künftigen Marktentwicklung habe ich? Wie werden voraussichtlich mein Absatzumfeld und meine Marktposition aussehen? Welche Umsätze dürfte ich vor diesem Hintergrund erzielen?);
- Herausarbeitung der Risiken und Chancen (Wo liegen die Chancen meines Geschäftes, wo die Risiken?);
- Aufbereitung der Daten und Erkenntnisse für Außendarstellung und Präsentationen (Wie kann ich mein Unternehmen und meine Analyseergebnisse am besten und leicht verständlich darstellen? Wie gebe ich einen umfassenden Überblick?);
- Goldene Finanzierungsregel: Stärken plausibilisieren und Risiken rechenbar machen!

5 Korrektur von Fehlentwicklungen

Die Ergebnisse der Unternehmensanalyse geben Aufschluss über geschäftliche Fehlentwicklungen und deren Ursachen. In der Folge lassen sich Unternehmensstrukturen und Unternehmensprozesse verbessern – was wiederum das Unternehmen für Kapitalgeber attraktiver macht. So lassen sich zusätzliche Mittel akquirieren und die Finanzierungskonditionen insgesamt verbessern.

5.1 Typische Beispiele für Abweichungen

Sorgfalt und Realismus bei der Erstellung der Geschäftsplanung, der Soll-Werte, sind Voraussetzung. Nur dann sind aussagekräftige und korrigierende Vergleiche möglich. Der Vergleich von avisierten Zielen und realisierten Etappen gibt Aufschluss zur Planungsgüte, Markt- und Unternehmenskenntnis sowie zur Umsetzungsstärke. Zudem kann ein solcher Vergleich bei Divergenzen die Flexibilität und Anpassungsfähigkeit des Unternehmens an Marktgegebenheiten unter Beweis stellen.

Die Ursachen für Abweichungen sind vielfältiger Natur. Die Nennung exemplarischer Fälle kann deshalb nur Anhaltspunkte geben, in welche Richtung sich die Analyse und die Konsequenzen bei Abweichungen von Soll- und Ist-Werten entwickeln. Diese Nennung ersetzt aber nicht die intensive Diskussion und Untersuchung im jeweiligen Falle durch das Unternehmen selbst.

- (Negative) Abweichungen bei Umsatzprognose und Umsatzentwicklung können signalisieren:
  - Das Marktpotenzial wurde zu optimistisch eingeschätzt und muss korrigiert werden;
  - die erhofften Umsätze können wegen Lieferengpässen bei den Vorprodukten/Produktionsressourcen nicht erzielt werden, Verbesserungen in Produktion und/oder Beschaffung sind notwendig;
  - es stehen nicht ausreichend Betriebsmittel zur Verfügung;
  - der Vertrieb ist mit der Lieferleistung überfordert und muss neu organisiert werden;
  - die Vorprodukte sind nicht ausreichend verfügbar, andere Bezugsquellen sind zu eröffnen oder Ersatz zu suchen.

- (Negative) Abweichungen bei Personalkostenplanung und Personalkostenentwicklung signalisieren:
  - Der Personalbedarf wurde ursprünglich zu niedrig angesetzt;
  - es wurden nicht alle Personalkostenkomponenten erfasst;
  - Mitarbeiter waren nicht zu den geplanten Löhnen zu rekrutieren.
- (Negative) Abweichungen der Werbekostenplanung und der tatsächlichen Werbeausgaben signalisieren:
  - Die zur geplanten Umsatzgenerierung erforderliche Werbung wurde als zu niedrig angesetzt;
  - möglicherweise führt die (Art der) Werbung nicht zur gewünschten Umsatzbelebung (was zunächst mit mehr Werbung zu kompensieren versucht würde);
  - die Werbepreise wurden zu niedrig angesetzt;
  - Werbeplanung und Werbekontrolle wurden zu lax gehandhabt.
- (Negative) Abweichungen der geplanten von den tatsächlichen Verwaltungskosten signalisieren:
  - Die Verwaltungskosten wurden ursprünglich zu niedrig angesetzt;
  - es wurden nicht alle Verwaltungskostenkomponenten erfasst;
  - die Kontrolle der Verwaltungsausgaben (Effizienz) ist mangelhaft.
- (Negative) Abweichungen von Investitionskostenplanung und Investitionsausgaben signalisieren:
  - Die Investitionsplanung ging nicht weit genug ins Detail (versteckte Kosten und Zusatzaufwand);
  - die Preise für zu beschaffende Investitionsgüter wurden zu niedrig angesetzt;
  - der Investitionsumfang wurde unterschätzt (Produktionsapparat wurde unterdimensioniert geplant).
- (Negative) Abweichungen von Rückstellungen für Produktionsrisiken und Haftungsansprüche signalisieren:
  - Produkthaftungsvorschriften wurden nicht beachtet;
  - die Produktqualität fällt zu niedrig aus wegen Konstruktions- oder Produktionsmängeln (Gewährleistungsansprüche);
  - Kulanzregelungen sind zu großzügig.

- Der (vereinnahmte) Umsatz ist trotz aktuell voller Auftragsbücher rückläufig:
  - In der Produktions- und Logistikstruktur bestehen gravierende Defizite;
  - das Debitorenmanagement funktioniert nicht;
  - die Materialeinkaufsplanung weist Mängel auf;
  - das Finanzmanagement hat nicht für ausreichend Betriebsmittel gesorgt;
  - die Beziehungen zu Kapitalgebern wurden sträflich vernachlässigt.

Optimierungsmöglichkeiten bestehen nicht nur im operativen Ablauf, also im Materialeinkauf, in der Produktion oder im Vertriebsmanagement, sondern auch in der Verknüpfung der Prozessphasen und in der besseren Abstimmung der einzelnen Unternehmenskomponenten sowie – nicht zuletzt – bezüglich der Personalpolitik und des qualitativen Personalbestandes. Hinzu kommen Optimierungsmöglichkeiten im Finanzmanagement.

Unternehmen sollten bei ihren Kapitalisierungsbemühungen immer eine Alternative zum bevorzugten Finanzierungsweg kalkulieren und strategisch vorbereiten, falls ein Finanzierungsweg abrupt endet, z.B. weil ein Financier absagt oder die Konditionen unakzeptabel verschärft. In diesen Fällen darf das Unternehmen nicht noch einmal „von vorne" beginnen müssen.

So gibt es im Finanzbereich gleich eine ganze Reihe von Bereichen, in denen Veränderungen und Verbesserungen teils erhebliche zusätzliche Finanzierungsspielräume bringen.

- Bereitschaft, (vorübergehend) Kontrollrechte und Gewinnanteile an Financiers abzugeben;
- Offenlegung aller relevanten Informationen;
- gemeinsame Suche von Kapitalnehmern und Kapitalgebern nach der für das Unternehmen am besten geeigneten Finanzierungslösung;
- Optimierung des Chance-Risiko-Verhältnisses/der Bonität, um im Finanzierungsprozess die beste Ausgangsposition zu erreichen;
- Bereitschaft zur Aufstockung der Eigenkapitalquote, die signalisiert, welches Risiko der Unternehmer selbst zu übernehmen bereit ist;
- ausloten der sinnvollen/maximalen Kapitaldienstfähigkeit, um Leistungsgrenzen zu erkennen und spätere Liquiditätskrisen zu vermeiden;
- verwertbare Sicherheiten neu erfassen und bewerten, um Verschuldungsspielräume zu bestimmen;
- kurzfristige Möglichkeiten prüfen, die Rentabilität zu erhöhen;

- kurzfristige Möglichkeiten prüfen, das gewinnträchtige Geschäftsvolumen auszuweiten (z.B. bei einem Restaurant eine bislang ungenutzte Terrasse im Sommer als Biergarten nutzen);
- Beschaffungsmärkte auf günstigere Alternativen sondieren;
- Verbesserungen im Kundenbeziehungsmanagement;
- Verbesserungen in der äußeren Unternehmenswahrnehmung durch optimierte Darstellung/Präsentation.

5.2 Vermeidung von Fehleinschätzungen

Erhalten kapitalsuchende Unternehmen von Financiers in wesentlichen Bereichen negative Bewertungen, werden Finanzierungsanfragen regelmäßig abgelehnt. Dann ist das Erstaunen groß, die Ablehnung ist für Unternehmer selten nachvollziehbar. Solche Situationen lassen sich aber vermeiden, wenn der Finanzierungsprozess im Vorfeld sorgfältig durchgespielt wird, Schwachpunkte beseitigt und so Fehlentwicklungen im Entscheidungsprozess vermieden werden. Durch das Drehen an den richtigen Stellschrauben sind die relevanten Finanzierungsparameter in vielen Fällen spürbar zu verbessern. Unternehmen dürfen also nicht nur den marktgängigen Durchschnitt abliefern, um nicht durchschnittlich behandelt zu werden, sondern sie müssen Kapitalgebern die richtigen Anreize geben, sich mit ihnen angemessen zu beschäftigen.

Unternehmen haben grundsätzlich eine Bringschuld an Informationen, denn sie wollen das Kapital. Dies gilt insbesondere für kleinere Unternehmen, die nur selten bekannt sind und i.d.R. kleinere Finanzierungsvolumina benötigen. In diesen Fällen lohnt sich eine aufwendige Risikoanalyse seitens der Kapitalgeber betriebswirtschaftlich nicht. Hier versuchen Banken (und auch Eigenkapitalgeber) ihr Risiko – neben der Standardisierung von Vergabeprozessen – vermehrt durch die Einforderung von Sicherheiten zu begrenzen und lehnen z.B. Kreditanträge bei nicht ausreichenden verwertbaren Sicherheiten selbst dann ab, wenn das unternehmerische Konzept in sich schlüssig ist und bei Verwirklichung einige Aussicht auf Erfolg bietet. Eine entsprechende Prüfung ist meist zu aufwendig.

Unternehmen können z.B. der Ablehnung eines Kreditantrags entgehen, wenn sie ihre Darstellung/Präsentation optimieren, d.h. von sich aus den Informationsumfang und die Informationsqualität so anheben, als ob sie die Bonitätsprüfung selbst vornähmen und damit entscheidende Arbeitsschritte auf Kreditgeberseite vorwegnehmen. So übergeben mittelständische Unternehmen den Financiers leicht nachvollziehbare, zügig überprüfbare und dennoch vollständige Unterlagen einschließlich der entsprechenden Ergebnisse und bringen sich damit auf das Niveau deutlich größerer Unternehmen.

Der Mangel an kostengünstig verwertbaren Kredit- und Investitionsunterlagen ist die hauptsächliche Ursache, weshalb gerade kleine Unternehmen seltener Zugang zu Finanzmitteln erhalten. Viele Firmen wären sogar bereit, bei positiver Beurteilung ihrer Kapitalwünsche eine höhere Verzinsung als ihrem Risiko entsprechend zu zahlen. Doch in die Phase der Konditionsverhandlung gelangen diese Kapitalnehmer nicht mehr, da sie wegen nicht ausreichender Unterlagen bereits auf einer sehr frühen Stufe aus dem Prüfungsprozess gekippt wurden.

Was häufig in Finanzierungsgesprächen unbeachtet gelassen oder fälschlicherweise unterschätzt wird – und daher nicht oft genug gesagt werden kann –, ist die ausführliche Erläuterung des Finanzierungsanlasses: Was soll finanziert werden, was bringt dies eigentlich für das Unternehmen, was wird dadurch verändert? Hierzu gehört zugleich der Hinweis, warum die angestrebte Finanzierungsart, also z.B. eine Brücken- oder Akquisitionsfinanzierung, für das Unternehmen in der jeweiligen Situation die größten Vorteile aufweist. Nur wenn Financiers den Vorteil und den Sinn für das Unternehmen erkennen können, sind sie (auch abseits von Sicherheiten) bereit, Kapital zu vergeben. Beispielsweise Mittel zu erhalten, um in der Krise so weitermachen zu können wie bisher, ist praktisch unmöglich (ausgenommen vielleicht bei Stellung von entsprechenden Sicherheiten). Kapitalgeber wollen die Korrektur der Fehlentwicklung erkennen.

5.3 Auf den Punkt: Erhöhung des Finanzspielraums durch nachhaltige Korrekturen

Krisenprävention, also Vorbeugung von Fehlentwicklungen oder die rasche Korrektur, hat unbestritten einen Vorteil gegenüber der Krisenintervention, also der Kurskorrektur zur Beseitigung akuter Notlagen, ist dies doch mit oftmals deutlich höheren Kosten verbunden. Nichtsdestotrotz ist bei Krisensituationen in der Außendarstellung von Bedeutung, wie hoch die Erfolgswahrscheinlichkeiten und wie groß die Dauerhaftigkeit der Korrekturmaßnahmen sind. Gerade in der Krise sind Dokumentation und diesbezügliche Erklärung besonders umfangreich zu leisten.

Offenheit bei der Beschreibung des Weges in die Krise (Gründe) ist dabei ebenso selbstverständlich wie Ausführlichkeit und Plausibilität bei der Beschreibung des Weges aus der Krise heraus (Lösungen). Entscheidend ist die Darlegung, warum ein bestimmter Kapitalgeber (gleich, ob Kredit oder Beteiligung) mit einer bestimmten Summe in einem bestimmten Konzept die Trendwende und den künftigen Erfolg wahrscheinlich macht.

- Gegenüberstellung von geplanten/prognostizierten und realisierten Werten, Vergleich mit den dafür definierten Referenzgrößen;
- Identifikation von Fehlern, Schwachstellen und Ineffizienzen im Unternehmen;

- Aufzeigen des Veränderungs- und Verbesserungspotenzials;
- Optimierung von Strukturen, Prozessen, Unternehmensdarstellungen und Finanzierungsbemühungen;
- höhere Bonität (größere Leistungsfähigkeit) des Unternehmens durch Korrekturmaßnahmen;
- besseres Rating, d.h. günstigere Einschätzung des Unternehmens durch den Finanzmarkt;
- günstigere Finanzierungskonditionen, d.h. geringere Kapitalkosten;
- verbesserter Zugang zu Finanzmitteln, d.h. vorteilhaftere Kapitalstrukturen und vergrößerter Investitionsspielraum.

6 Unternehmensdarstellung als Erfolgsfaktor

Alleinstellungsmerkmal, Geschäftsstrategie, Geschäftskonzept, Marktumfeld, Unternehmenszustand und Finanzen sind für sich Bruchstücke, die noch keine klaren Konturen erkennen lassen. Doch im so genannten Finanzierungsbuch zusammengeführt, liefern diese Informationen ein exaktes Spiegelbild des Unternehmens. Mit der optimalen Unternehmensdarstellung schafft der Mittelstand die Voraussetzung zur erfolgreichen Kapitalisierung.

6.1 Bedeutung des Finanzierungsbuchs

Die Dokumentation der wirtschaftlichen Verhältnisse eines Unternehmens, seiner Bonität, der Finanzen und der Entwicklungssituation mit all ihren Facetten wird im so genannten Finanzierungsbuch zusammengeführt. Dieses Dokument erfasst die Historie, die aktuelle Situation und die Perspektiven eines Unternehmens. Gleichzeitig gibt es Hinweise darauf, welcher Kurs künftig im möglichen Entwicklungsspektrum genommen werden soll (Unternehmensziele). Das Finanzierungsbuch gewährt einen umfassenden Einblick in die Unternehmung und ermöglicht durch seine klare Gliederung und umfassende Übersicht rasche Finanzierungsverhandlungen auch zeitgleich mit mehreren potenziellen Kapitalgebern. Das Finanzierungsbuch ist die entscheidende Informationsbasis bei der Realisierung von Finanzierungsvorhaben.

Wichtige Inhalte des Finanzierungsbuchs sind:

- die Analyse des Unternehmenszustands und die erschöpfende Verarbeitung aller wesentlichen und verfügbaren unternehmensrelevanten (operativen wie finanziellen) Informationen;
- das Finanzierungsvorhaben und die Investitionsplanung;
- Aussagen zu Sicherheiten und zur künftigen Kapitaldienstfähigkeit;
- die Chancen und Risiken der Unternehmung;
- ein Ausblick auf die künftige Markt- und Unternehmensentwicklung.

Leitlinie bei der Erstellung des Finanzierungsbuchs sind die Vollständigkeit und die Aktualität der Angaben. Ideales Ergebnis ist die vielseitige Einsatzmöglichkeit dieses Buchs bei Finanzierungsverhandlungen unabhängig von der Kapitalart. Das Finanzierungsbuch stellt letztlich eine vom kapitalsuchenden Unternehmen selbst vorgenommene Beurteilung und Bewertung (Due Diligence) dar, die es Geldgebern erheblich erleichtert, (zügig) Entscheidungen zu möglichen Mittelvergaben zu treffen.

Das Finanzierungsbuch ist der Schlüssel zu erfolgreicher Kapitalbeschaffung. Denn das eigene Wissen um die Bedeutung des Unternehmens und dessen Qualitäten allein reicht nicht aus. Vielmehr muss der Finanzmarkt diese Qualitäten auch wahrnehmen können. Unternehmen müssen sich ein sichtbares und nachlesbares Leistungs- und Kompetenzprofil geben, mit dessen Hilfe Investoren die Finanzierungsreife und die Erfolgsperspektiven der Gesellschaft bewerten können.

Abbildung 5: Säulen erfolgreicher Finanzierung – optimierte Koordination wichtiger Bereiche

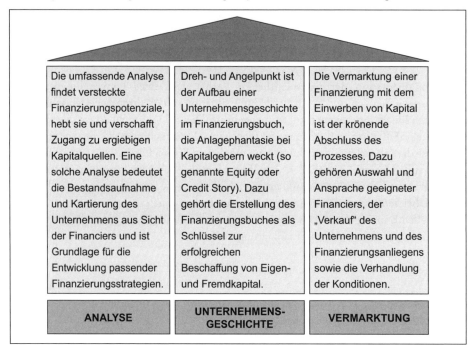

Quelle: Capmarcon

6.2 Themenfelder des Finanzierungsbuchs

Im Wesentlichen besteht das Finanzierungsbuch – in Analogie zur Analyse – aus einem qualitativen und einem quantitativen Teil. In der qualitativen Darstellung finden Erläuterung die Alleinstellungsmerkmale des Unternehmens und seine Wettbewerbsvorteile (Produktvorteile und Ausgewogenheit des Produktportfolios), die Unternehmensentwicklung der vergangenen Geschäftsjahre sowie des laufenden Geschäftsjahres, die Planungsszenarien, die Produkt- und Innovationskraft, die Produktionsmöglichkeiten, das Markt-, Wettbewerbs- und Distributionsumfeld, die Organisation, das Management und die Eigentümerstruktur sowie die Unternehmensfinanzierung mit Beschreibung des

(Investitions-)Vorhabens und dem Finanzierungsanlass (warum und wieso?). Dies umfasst die ausgewogene Darstellung der Risiken und Chancen. Die quantitative Darstellung umfasst die Gewinn- und Verlustrechnung, die Investitionsrechnung, die Bilanz, die Kapitalflussrechnung sowie wichtige Kennziffern; hinzu kommen die bisherigen Finanzierungsmaßnahmen, die Kapitalstruktur, die Konditionen und Fristen. Dies betrifft sowohl den Rückblick als auch den Ausblick.

Das Finanzierungsbuch ist Logbuch und Visitenkarte eines Unternehmens zugleich, um ausreichende Transparenz dem Kapitalmarkt gegenüber zu schaffen. Mit einem entsprechend entwickelten Finanzierungsbuch lässt sich häufig aus einem vordergründigen Nachteil ein Vorteil machen: neben der Darstellung der Schwachstellen Wert zu legen auf das Herausarbeiten der positiven Eigenschaften wie der Stärken des Unternehmens und um Fehleinschätzungen zu korrigieren, wenn unter den Investoren die Schwächen weitaus gravierender vermutet werden als sie tatsächlich vorhanden sind.

Das Finanzierungsbuch ist eine Vorbereitung auf die internen Ratingverfahren der Banken, denn die Erstellung des Buchs lässt i.d.R. Problembereiche erkennen – nicht selten Auslöser für unternehmensinterne Optimierungsprozesse, die sich auf mittlere bis lange Sicht positiv auf die Ertrags- und Finanzierungskraft des Unternehmens auswirken. Den Eindruck zu vermitteln, „sein Unternehmen im Griff zu haben", eine diesbezüglich hohe Kompetenz glaubhaft zu machen und eine gute Reputation am Markt zu erreichen, sind zentrale Aspekte dieser Informationssammlung. Hinzu kommen (falls erforderlich) die Regelung der Unternehmer-/Geschäftsführernachfolge und die Beschreibung einer leistungsfähigen Unternehmensführung (Kompetenzen, Führungsebenen, Vertretungsregelungen).

Prognosehorizont und Prognosevielfalt

Die strategische Planung ist im Idealfall mittelfristig ausgelegt, d.h. mit Sicht auf drei bis fünf Jahre. Mit diesem Zeithorizont lassen sich Fakten und Entwicklungen noch (vergleichsweise) gut einschätzen. Kürzere Planungsperioden signalisieren Orientierungslosigkeit und verschlechtern die externe Einschätzung. Längere Perioden lassen häufig vermuten, dass die Angaben willkürlich sind und nicht das Ergebnis eines wohlkalkulierten Schätzprozesses (was wegen der Unsicherheit hinsichtlich längerer Zeiträume auch gar nicht zuverlässig möglich sein dürfte).

Im allgemeinen ist die Fortschreibung des fünften Jahres ausreichend, im speziellen (so z.B. bei Projektfinanzierungen) kann die detaillierte und periodenindividuelle Prognose für längere Zeiträume sinnvoll und angebracht sein, doch sollte dann sehr umfangreiches Daten- und Faktenmaterial zugrunde liegen. Ohnehin können bei einem mittelfristigen Planungszeitraum Geschäftsvorhaben und operative wie finanzielle Größen nur skizziert werden. Eine Detailfülle auf Zehnjahressicht wirkt – gerade bei kleineren Unternehmen – i.d.R. unglaubwürdig und lenkt von den zentralen Punkten der Planung ab.

Ein fehlendes Planungs- und Kontrollsystem oder eine Planung und Kontrolle, die nur unregelmäßig und unsystematisch stattfinden, führen zu Punktabzügen in der Beurteilung durch potenzielle Geldgeber. Entscheidend ist daher, ob die Kontrolle und Dokumentation objektiv, regelmäßig und ausreichend erfolgt oder nur informell und sporadisch. Existiert ein umfassendes Berichtssystem auf Managementebene? Wie gut ist die Erfassung im Finanzbereich organisiert? Von den Antworten auf diese Fragen hängt in nicht unerheblichem Maß die Risikobeurteilung durch die (Fremd-)Kapitalgeber ab.

An dieser Stelle sei auf eine populäre Unart in der Prognoserechnung und Darstellung hingewiesen: nicht selten werden verschiedene Prognosen zur Auswahl angeboten (z.B. *best case*, *base case*, *worst case* und sogar noch weitere *cases* – soll sich doch der Kapitalgeber aussuchen, was ihm am besten gefällt). Dies verwirrt eher, als dass es Erhellung brächte. In sinnvoller Weise sollte vielmehr dasjenige Szenario simuliert werden, welches die höchste Eintrittswahrscheinlichkeit besitzt. Dies kann ergänzt werden durch die Angabe, ab welcher Entwicklung die Verlustzone verlassen, also die Gewinnschwelle (*break even*) erreicht wird, beziehungsweise die Unternehmung insolvent wird.

Diese Darstellung ist in weit überwiegendem Maß völlig ausreichend. Die meisten Financiers sind in der Lage, nachzuvollziehen, dass bei konstanten Kosten mit steigenden Erlösen auch die Gewinne steigen und umgekehrt. Mitunter mögen Eigenkapitalgeber ausdrücklich weitere Angaben zum Gewinnpotenzial einfordern, was sich im laufenden Gespräch aber leicht ergänzen lässt. Werden zu viele Szenarien simuliert und zur Auswahl angeboten, ist weder eine aussagekräftige Bewertung noch ein späterer Abgleich mit den tatsächlichen Zahlen in sinnvoller Weise möglich.

6.3 Struktur des Finanzierungsbuchs

Unabhängig von der Unternehmensgröße, der Unternehmensstruktur und dem Entwicklungsstadium des Unternehmens folgt das Finanzierungsbuch in idealer Weise einem festen Raster.

- **Kernaussage**:
    - das Unternehmen und das Finanzierungsvorhaben;
    - Anlass der Darstellung und zentrales Anliegen;
    - wer bin ich, was will ich, wodurch zeichne ich mich aus?

- **Unternehmen, Struktur und Strategie, Vorstellung des Unternehmens**:
  - Unternehmensvorstellung, d.h. kurze Beschreibung der Unternehmung mit Aussagen dazu, was das Unternehmen macht und in welcher Richtung es sich entwickeln will;
  - Alleinstellungsmerkmale;
  - Charakteristika des Unternehmens und Unternehmensstärken sowie Geschäftsphilosophie;
  - Geschäftsbereiche;
  - Konzerngesellschaften und Beteiligungen;
  - aktuelle Entwicklung und Geschäftsstrategie.
- **Organisation**:
  - Unternehmensbereiche;
  - Gruppenstruktur;
  - Prozesse, d.h. Einkauf, Produktionsabläufe, Lagerhaltung, Vertrieb;
  - Lieferantenverhältnisse (Abhängigkeiten);
  - Qualitätsmanagement;
  - Distributionsketten;
  - Controlling, Berichtswesen, Kontrollwesen;
  - bei Personengesellschaften: Angaben/Erläuterungen zu den Vermögensverhältnissen persönlich haftender Gesellschafter.
- **Unternehmensführung**:
  - Qualität der Geschäftsführung, Kompetenz;
  - eventuelle Regelungen zur Unternehmernachfolge.
- **Mitarbeiter**:
  - Qualifikationen und Strukturen;
  - Fluktuation.
- **Produkte**:
  - Produktbeschreibung mit technischen Stärken und Schwächen;
  - Erfolg am Markt mit Wettbewerbsstärken und -schwächen;

- Forschung und Entwicklung;
- (bevorstehende) Markt-/Produkteinführungen (Investitionen, Plausibilitätsrechnung, Planungsrechnung).

- **Markt und Wettbewerb**:
  - Alleinstellungsmerkmale im Detail vor dem Hintergrund der Marktgegebenheiten;
  - Unternehmensstärken und Geschäftsstrategie im Detail;
  - Darstellung der Wettbewerbssituation, Markt- und Branchenübersicht und Konkurrenten, Aufzeigen der Produktvorteile und der Ausgewogenheit des Produktportfolios;
  - Produkte, Produktportfolio: Produkt- und Dienstleistungsprogramm, Umsatzentwicklung nach Hauptproduktgruppen in den vergangenen drei Jahren, Alleinstellungsmerkmale, Wettbewerbsvorteile, Neuentwicklungen, Präsentationsmaterial;
  - Kapazitäten für die nächsten Jahre;
  - Distribution, Absatz und Absatzmärkte: Marketing, Kundenstruktur, Regionen und Marktanteile, Zwischenhändler;
  - Dominanz einzelner Produkte und einzelner Kunden;
  - Marktstudien von Dritten (z.B. Forschungsinstituten oder Banken);
  - Marktausblick;
  - voraussichtliche Geschäftsentwicklung in den kommenden Jahren.

- **Finanzhistorie**:
  - Eigentümer/Unternehmensführung;
  - Unternehmensentwicklung und Expansion;
  - Eigenkapitalhistorie und Kreditentwicklung;
  - Sicherheiten: Immobilien (Aufstellung nach Art, Wert, Größe und Beleihungsgrad), Finanzvermögen, Patente, sonstige (verwertbare) Aktiva;
  - Recht (anhängige Verfahren).

- **Unternehmen in Zahlen und Prognosen**:
  - Gewinn- und Verlustrechnung;
  - Kapitalfluss (Cashflow);
  - ausführliche Übersicht zu Aktiva und Passiva (Bilanz);

- Simulationen: mit und ohne Finanzierungsvorhaben bei zu erwartender/existenzgefährdender Marktentwicklung;
- eventueller Auftragsbestand (mit Angaben zum Fertigstellungsgrad) nach Produktgruppe und Kundensegment;
- Rückblick: drei Jahre und Vorausschau: i.d.R. drei bis fünf Jahre.

- **Investitionsplan**:
  - Kapitalbedarf (Erläuterung);
  - Kapitalverwendung (Planung);
  - gewünschte (Re-)Finanzierung.

- **Chancen und Risiken**:
  - erwartete Geschäftsentwicklung (Ausblick);
  - Gewinnpotenzial der Unternehmung (mit und ohne Umsetzung des Investitionsplanes beziehungsweise des Finanzierungsvorhabens);
  - Darstellung der Risikoarten;
  - Quantifizierung der Risiken;
  - Risikomanagement (inklusive Versicherungen) und Vorsorgemaßnahmen;
  - Ausblick zur Unternehmensentwicklung.

- **Anhang** (je nach Erfordernis und Relevanz):
  - formale Nachweise zu Rechtsverhältnissen;
  - Handelsregisterauszug, Grundbuchauszug, Gesellschaftsvertrag, wichtige Liefer- und Lizenzverträge, Aufstellung zu sämtlichen Finanzbeziehungen, Ergebnis der letzten Steuerprüfungen;
  - Geschäftsführerverträge;
  - Miet- und Pachtverträge;
  - andere Unternehmensverträge, z.B. Beherrschungs-, Gewinnabführungs- oder Kooperationsvertrag;
  - (umfangreiche) Studien zu den Absatz- und/oder Beschaffungsmärkten;
  - technische Darstellung von den produzierten Produkten.

Eine wichtige Rolle kommt der Beschreibung der Risiken zu, so z.B. die Abhängigkeit von einzelnen Kunden, Export-/Länderrisiken, Konjunkturabhängigkeit, Forderungsausfallrisiko, Abhängigkeit von einzelnen Lieferanten, Umweltrisiken, Produkthaftungsrisiken, Management- und Personalrisiken, Wetterrisiken, sonstige Risiken wie Feuer oder Betriebsunterbrechung (Streik), Gewerbeaufsicht, Berufsgenossenschaft, arbeitsrechtliche Risiken, Spionage (bei Patenten), Marktrisiken (u.a. Nachahmer).

Eine ebenso wesentliche Rolle spielen der Investitionsplan einschließlich der Darstellung der unterliegenden Finanzierung, einer Beschreibung des Vorhabens und die Kapitalbedarfsermittlung. Das Finanzierungskonzept wird ergänzt mit Prognosen und Vorschlägen zur Besicherung und zum Nachweis der Kapitaldienstfähigkeit. Schwerpunkte und Akzente werden gesetzt in Abhängigkeit vom konkreten Finanzierungsanlass, also einer Gründungs-, Übernahme-, Konsolidierungs- oder Krisensituation.

6.4 Auf den Punkt: Relevanz des Finanzierungsbuchs

Die Dokumentation der wirtschaftlichen Verhältnisse eines Unternehmens, seiner Bonität und der Entwicklungsperspektiven wird im so genannten Finanzierungsbuch niedergelegt. Darin präsentieren sich das Unternehmen und sein wirtschaftliches Umfeld in allen relevanten Einzelheiten, das Buch beschreibt die Historie, die aktuelle Situation und die wahrscheinlichen Entwicklungsperspektiven. Das Finanzierungsbuch ermöglicht Kapitalgebern die Einschätzung des Unternehmens und ist daher entscheidende Voraussetzung für eine erfolgreiche Kapitalisierung.

- Visitenkarte eines Unternehmens für den erfolgsentscheidenden „ersten Eindruck";
- umfassende Unternehmensbeschreibung für alle Zwecke der Außendarstellung;
- ausführlicher quantitativer und qualitativer (Darstellungs-)Teil;
- Besonderheiten des Unternehmens;
- Darstellung der Finanzierungsreife;
- Kontrollinstrument zur Prüfung auf Widersprüchlichkeiten;
- Kommunikations- und Präsentationsgrundlage.

7 Kapitalquellen für die Mittelstandsfinanzierung

Mittlerweile wird ein wahres Füllhorn an Finanzinstrumenten über dem Mittelstand ausgeschüttet – doch welche dieser Instrumente sind wirklich sinnvoll einsetzbar? Auswahlkriterien sind der Verwendungszweck des aufgenommenen Kapitals, die Kapitalkosten sowie die sonstigen Konditionen der avisierten Mittelgewährung.

7.1 Verwendungszweck bestimmt Kapitalquelle

Kapitalgeber haben i.d.R. Präferenzen hinsichtlich der Verwendung der von ihnen gewährten Mittel. So lässt sich von kapitalsuchenden Unternehmen durch Ansprache der richtigen Financiers nicht nur die Realisierungswahrscheinlichkeit des Finanzierungsvorhabens deutlich erhöhen, es lassen sich auch höhere Volumina vereinbaren und die Kapitalkosten verringern. Der kapitalsuchende Unternehmer steht deshalb vor der Aufgabe, die für seinen Finanzierungszweck geeigneten Kapitalgeber zu finden. Dies setzt die möglichst präzise Beschreibung seines Finanzierungsvorhabens und die Suche nach den besten Finanzierungswegen voraus. Die Wahlmöglichkeiten für Unternehmen im Hinblick auf Kapitalgeber ergeben sich aus der Bonität, dem Geschäftspotenzial und eben der beabsichtigten Mittelverwendung.

Eigenkapital als Kapitalisierungsbaustein ist bevorzugt einzusetzen zur Finanzierung von Gründungsvorhaben, von Expansionsvorhaben in für das Unternehmen neuen Geschäftsfeldern oder Investitionen bei erhöhtem und hohem Risiko, in Krisensituationen und zur Ablösung von Fremdkapital und damit zur Verbesserung der Bilanzstruktur. Fremdkapital eignet sich besonders zur Aufstockung der Betriebsmittel bei guter Geschäftslage, zur Finanzierung von Investitionsvorhaben mit begrenztem Risiko und bei Unternehmenskäufen (sofern die zu übernehmende Einheit nicht defizitär ist und der Kaufpreis in vernünftigem Verhältnis zum Gewinn steht). Mezzaninkapital findet bevorzugt Einsatz zur Verbesserung der Bilanzstruktur, bei zu erwartenden längerfristigen Liquiditätsengpässen (Betriebsmittel) und bei risikobehafteten Expansionsvorhaben sowie bei Unternehmensübernahmen, in beschränktem Umfang auch bei Unternehmensgründungen.

Unternehmen, die großzügig mit dauerhaftem, risikotragendem und nicht festen Zahlungsmodalitäten unterworfenen Kapital (also Eigenkapital im weiteren Sinne) ausgestattet sind, haben weitaus mehr Freiheiten in ihrer unternehmerischen Entscheidung als Firmen mit geringer Eigenkapitalquote und einem vergleichsweise starren Kapitaldienstplan (also Fremdkapital). Warum aber werden dann geeignete Eigenkapitalinstrumente und korrespondierendes Mezzaninkapital von den Unternehmen nicht stärker eingesetzt?

Hierfür gibt es mehrere Gründe:

- Vielfach werden die mit den Finanzprodukten verbundenen (auch formalen) Anforderungen nicht erfüllt; es fehlen die Voraussetzungen, Eigenkapital zu erhalten, z.B. eine nicht geeignete Gesellschaftsform oder zu geringe lukrative Geschäftsaussichten;
- oftmals ist für potenzielle Kapitalgeber eine sinnvolle Beurteilung des Rendite-Risiko-Profils nicht möglich, z.B. wegen unzureichender Dokumentation und Darstellung;
- bestimmte Instrumente sind mit volumenunabhängigen Kosten verbunden, die im Hinblick auf kleinere Engagements unwirtschaftlich sind, weil sie vor einem sinnvollen Einsatz erst aufwendig individualisiert werden müssten;
- Unternehmer sind in vielen Fällen nicht bereit, die Eigentumsrechte an neue Eigentümer abzugeben oder deren Mitsprache zuzulassen;
- dem Eigenkapital lastet noch immer der Nimbus an, die „teuerste" Kapitalart zu sein.

Grundsätzlich gilt: Je höher die Renditeaussichten bei Eigenkapitalfinanzierungen, desto interessanter ist ein Engagement für diese Financiers. Je qualifizierter und kompetenter das Management, desto wahrscheinlicher die Kapitalgewährung. Je größer die Bereitschaft der Alteigentümer zu Transparenz, Information und Mitsprachegewährung, desto erfolgreicher ist der Kapitaleinsatz im Unternehmen. Diejenigen Kapitalnehmer, die sich nun am flexibelsten auf die Bedürfnisse und Wünsche der Eigenkapitalgeber einstellen, werden auch die am besten geeigneten Instrumente zu vorteilhaften Bedingungen erhalten.

7.2 Fehlendes Angebot an passenden Finanzinstrumenten für den Mittelstand

Ungeachtet einer Vielzahl an Finanzprodukten besteht bei mittelständischen Unternehmen nach wie vor Bedarf an passgenauen Finanzinstrumenten. So äußern mittelständische Unternehmer häufig ihren Unmut über das geringe Angebot der ihnen tatsächlich zur Verfügung stehenden Möglichkeiten zur Mittelbeschaffung.

Dies hat im Wesentlichen drei Gründe:

1. Vielfach erfüllen mittelständische Unternehmen nicht die mit den Finanzprodukten verbundenen Anforderungen und Erwartungen der Financiers. So reicht für Fremdkapitalgeber oft die Eigenmittelausstattung nicht aus, um die geforderten Kennziffern zu erfüllen. Oder die Risikoeinstufungen (Rating) sind zu schlecht. In diesen Fällen müssen die Kapitalsucher erst „fit" gemacht werden für das gewandelte Marktumfeld. Für Beteiligungskapitalgeber ist nicht selten die Eigenkapitalrendite zu gering. Diese

Investorengruppe schreckt oftmals ab, dass ein zu geringes Wertsteigerungspotenzial im breiten Mittelstand besteht und die Erlösaussichten damit unbefriedigend sind. Gleiches gilt für so genannte Ausstiegsprobleme, d.h. es ist kein schneller Weiterverkauf oder Börsengang möglich. Außerdem ist es häufig die fehlende Übereinstimmung von Beteiligungsstrategie und Unternehmensausprägung (Technologieintensität, Beteiligungsform, Einflussmöglichkeiten auf die Geschäftsführung), die ein Engagement verhindern kann, oder die fehlende Gewährung von Mitspracherechten. In diesem Umfeld können geänderte Beteiligungskonzepte oder Geschäftsstrategien Abhilfe schaffen.

2. Eine sinnvolle Beurteilung der wirtschaftlichen Sachverhalte und der Zukunftsperspektiven des Mittelständlers sind in einer ganzen Reihe von Fällen nicht möglich, weil entsprechende Unterlagen fehlen oder unvollständig sind. Hier sind es Schwächen in der Dokumentation, die eine Mittelvergabe verhindern. Das Entstehen solcher Hindernisse lässt sich allerdings durch die Erstellung eines umfassenden Finanzierungsbuches (Kapitel 6) vermeiden.

3. Schließlich ist der Einsatz zahlreicher Instrumente mit volumenunabhängigen Kosten verbunden, die im Hinblick auf kleinere Engagements – gerade im Eigenkapitalbereich – unwirtschaftlich sind. Ein hoher Aufwand in der Konzeption und hohe Kosten für Prüfung und Betreuung der Financiers schließen bei geringen Finanzierungsvolumina eine Realisierung aus.

Gerade mittelständischen Unternehmen wurden von Banken und Fonds in den vergangenen Jahren (vermeintlich maßgeschneiderte mezzanine) Instrumente angeboten, die vielfache Finanzierungen zu vordergründig niedrigen Kosten ermöglichen sollten. Doch der Einsatz brachte meist nicht das, was das Etikett versprach. Denn i.d.R. wurden nur neu strukturierte Fremdkapitalinstrumente verkauft, die dem Financier bei gleichbleibenden oder sogar geringeren Risiken (deutlich) höhere Erträge ermöglichen sollten. Die wirkliche Individualisierung für den konkreten Finanzierungsfall blieb bislang aus.

Dies liegt v.a. daran, dass Kapitalgeber (besonders Banken und bankähnliche Institute) noch immer im „stillen Kämmerlein" Produkte entwickeln und erst danach auf die Suche nach möglichen Kunden gehen (wer könnte denn passen?), anstatt sich zu überlegen, welche Produkte denn die Unternehmen überhaupt benötigen. Vor diesem Hintergrund empfehlen sich (auch und gerade für anspruchsvollere Fälle) weiterhin traditionelle Finanzierungsmöglichkeiten, wie z.B. Nachrangdarlehen in verschiedenen Ausprägungen, stille Beteiligungen oder Genussrechte.

7.3 Erste Kreditfinanzierung

Viele mittelständische Unternehmen haben sich bisher ausschließlich über Eigenkapital finanziert. Krisenphasen oder erforderliche Geschäftsausweitungen machen nun aber (Fremd-)Kapital notwendig. Diese Unternehmen haben bei Banken keine Kredithistorie oder auch sonstige Historie, weil i.d.R. keine finanzrelevante Kommunikation stattgefunden hat; sie sind deshalb bei den Banken nur wenig bekannt und besitzen zudem meist keine Erfahrung im Umgang mit Kreditgebern. Gerade deshalb benötigen diese Unternehmen ein ausreichendes Maß an Transparenz, eine ausreichende Einschätzbarkeit und ausreichende Bonität.

Unternehmen, die erstmals über Fremdkapital mit einer Bank sprechen, müssen besonderen Wert auf den ersten Eindruck legen. Grundsätzlich gelten in diesen Fällen die gleichen, in diesem Leitfaden gegebenen Anregungen und geschilderten Gesetzmäßigkeiten; doch sollten der Kommunikation und der Darstellung v.a. der (Finanzierungs-)Historie und der unternehmerischen Strategie besondere Aufmerksamkeit geschenkt werden. Zudem ist es ratsam, Bankgespräche mit vertrauten Personen vorzubereiten und mehrmals durchzuspielen. Ebenso ist es ratsam, sich im Vorfeld mit der angesprochenen Bank zu beschäftigen und zu eruieren, welche Kreditpolitik dieses Haus verfolgt. Unbedingt ist zu klären, welche potenziellen Sicherheiten dem Unternehmen zur Verfügung stehen.

Der erste Kontakt mit einer Bank oder einem Eigenkapitalgeber verlangt also gründliche und gewissenhafte Vorbereitung. Denn hierbei geht es nicht nur darum, viele Informationen zu vermitteln, es geht v.a. auch darum, einen guten ersten Eindruck zu hinterlassen, der die gesamte weitere (Finanzierungs-)Beziehung prägen wird. Bei Banken geht es in diesen Fällen darum, sich als attraktiver künftiger Kunde zu präsentieren und nicht als Bittsteller. Dies geschieht durch sicheres und selbstbewusstes (aber nicht überhebliches) Auftreten, durch Skizzierung eines soliden Geschäftes und durch die Darstellung positiver (Wachstums-)Perspektiven. Hier zählt der Eindruck der Professionalität des Unternehmers.

> ***Hinweis*** *zum Thema Hausbank: ja, es ist richtig, mit einem bestimmten Kreditinstitut eine intensive und vertrauensvolle Geschäftsbeziehung aufzubauen. Dies hilft in Krisensituationen i.d.R. über manche Klippe hinweg. Allerdings sollte daraus keine Abhängigkeit entstehen, so dass es sich empfiehlt, eine zweite Verbindung einzugehen, wenngleich vielleicht auch weniger intensiv. Zu schnell können Personen und Geschäftspolitik bei einem Institut wechseln, als dass es ratsam wäre, „nur auf ein Pferd zu setzen". Und schließlich sollte eine Liquiditäts-/Sicherheitsreserve bei einer dritten Bank gehalten werden, zu der keinerlei Kreditbeziehung besteht.*

7.4 Auf den Punkt: Das passende Finanzinstrument

Unternehmen sehen sich am Finanzmarkt mit zwei grundsätzlichen Anforderungen konfrontiert, die besonders in Krisenphasen spürbar sind:

- höherer Eigenkapitalanteil in der Unternehmensfinanzierung;
- verbesserte, d.h. aussagekräftigere, Darstellung und Präsentation des Unternehmens und des Finanzierungsvorhabens.

V.a. die im Vergleich zu früheren Gepflogenheiten erheblich professionellere Präsentation des Unternehmens gegenüber Financiers entwickelt sich zweifelsohne zu einem Schlüsselfaktor bei der Erreichung einer angemessenen und finanziell tragbaren Kapitalausstattung.

- Für Eigenkapital beziehungsweise eigenkapitalgleiches Kapital in ausreichendem Maße als unternehmerische Basis sorgen, denn ohne Eigenkapital „läuft praktisch nichts". Eigenkapital ist der Anker für die Finanzausstattung von Unternehmen, ist Spiegelbild der Bereitschaft der Eigentümer/Unternehmer, Risiko zu übernehmen. Wenn schon die Eigentümer nicht bereit sind, in angemessener Weise Risiko zu tragen, warum sollten dann andere, „fremde" Kapitalgeber dies tun?;
- nach Möglichkeit Fremdkapital mittels individualisierter Instrumente beziehungsweise Verträge (gegebenenfalls mit Unterlegung von Sicherheiten) „paßgenau" machen, denn jede Finanzierung ist im Grundsatz verhandelbar. Deshalb sollte der Unternehmer stets versuchen, innerhalb der möglichen Grenzen die Konditionen der Mittelbereitstellung im Sinne seines Unternehmens zu „individualisieren";
- Mezzaninkapital wegen seiner vergleichsweise hohen Kosten nur in Ausnahmefällen und dann in Form möglichst einfach strukturierter Instrumente aufnehmen, denn mezzanine Finanzierungen sind nicht selten Mogelpackungen. Das Angebot an Mezzaninkapital sollte daher sorgfältig auf Konditionen, Kosten und mögliche Alternativen geprüft werden;
- Fördermittel nach intensiver Prüfung auf Beschaffungs- und Einsatzmöglichkeiten ergänzend zu anderen Finanzierungsquellen einsetzen, denn Fördermittel sind grundsätzlich vorteilhaft: sie liegen meist unter Marktpreisen und sind aufgrund ihres öffentlichen Charakters auch ein Ausweis der Solidität und Vertrauenswürdigkeit. Gleichwohl sind damit Auflagen verbunden, die andere/weitere Finanzierungen unmöglich machen können;

- ausgehandelte Finanzierungen vor Vertragsunterschrift genau prüfen und sich über den zu leistenden Kapitaldienst bewusst sein, denn grundsätzlich gilt: keine Verpflichtung eingehen, die nicht mindestens dreimal gelesen und geprüft wurde. Der Unternehmer muss das Instrument und die Finanzierung verstanden haben hinsichtlich der zu erbringenden Leistungen und der damit verbundenen Auflagen;
- die Dokumentation und Darstellung des Unternehmens prüfen und verbessern (immer möglich), um die Chance für eine erfolgreiche Finanzierung entscheidend zu erhöhen.

8 Einsatz von Eigenkapital

Eigenkapital ist die Basis jeder Unternehmensfinanzierung, erst damit wird die Voraussetzung für den Erhalt weiterer Kapitalarten geschaffen. Je größer das unternehmerische Risiko, desto mehr Eigenkapital wird gebraucht. Dabei schlummern in den Unternehmen oftmals beachtliche Eigenkapitalpotenziale, die nur gefunden und genutzt werden müssen. Und je gewinnversprechender die Geschäftsidee, desto eher gibt es Eigenmittel.

8.1 Eigenkapital als Motor für den Mittelstand

Eigenkapital eignet sich für jeden Verwendungszweck. Ohne Eigenkapital ist die Finanzierung von Unternehmen nur in Ausnahmefällen möglich. Die Finanzierung über Eigenkapital bietet unbestreitbare Vorteile für das Unternehmen: Dauerhaftigkeit, Haftung und die fehlende Verpflichtung, dieses Kapital in wirtschaftlich schwachen Phasen verzinsen zu müssen. Selbstverständlich ist aus ökonomischen Gründen eine hundertprozentige Eigenkapitalfinanzierung meist nicht sinnvoll. Doch je höher der Eigenkapitalanteil, desto krisenfester ist das Unternehmen.

Der Einsatz von Eigenkapital verleiht dem Geber Anspruch auf einen Teil des Unternehmensgewinns, es ist mit Eigentumsrechten und meist auch mit Stimmrechten ausgestattet. Im Gegenzug haftet es bei unternehmerischem Misserfolg bis hin zum Totalverlust. Eigenkapitalgeber rangieren am Anfang der Haftungsreihenfolge, wenn es bei Misserfolg um die Ansprüche gegen das finanzierte Unternehmen geht. Auf Eigenkapital müssen in Schwächeperioden allerdings keine Ausschüttungen geleistet werden, was gerade in einer solch entscheidenden Situation die Liquidität schont. Zum Ausgleich erhalten die Geber von Eigenkapital in wirtschaftlich guten Zeiten eine Rendite, die das Risiko ihres Investments angemessen kompensiert.

Trotz der Bedeutung für das wirtschaftliche Handeln weisen mittelständische Unternehmen häufig eine zu geringe Eigenkapitalausstattung auf, entweder formal, weil hohe stille Reserven gebildet worden sind, oder tatsächlich, weil der Unternehmenseigner Gewinne aus der Firma abgezogen hat. Im ersten Fall lässt sich die Aktivierung der Reserven vergleichsweise einfach lösen, im zweiten Falle muss der Unternehmer entweder (wieder) frisches Kapital zuführen oder sich um neues Eigenkapital von Dritten bemühen.

Doch auch wenn die Zufuhr fremden Eigenkapitals nicht immer gewünscht oder möglich ist, bestehen gerade im Mittelstand mitunter beachtliche Eigenkapitalpotenziale. Diese ergeben sich aus dem Verkauf von nicht zum Kerngeschäft gehörenden Unternehmensteilen, in der Aufdeckung der angesprochenen stillen Reserven oder in der Aktivierung weiterer Positionen, so z. B. im versäumten Nachweis der Werthaltigkeit von Aktiva oder in der fehlenden Bewertung von Patenten und Marken; hinzu kommen versteckte Sicherheiten, deren Aufdeckung wiederum den Fremdfinanzierungsspielraum vergrößert.

8.2 Verwendungen für Eigenkapital

Eigenkapital ist grundsätzlich für jeden Finanzierungszweck geeignet. Gleichwohl sind typische Einsatzgebiete von Eigenkapitalinstrumenten:

- Stellung des Grundkapitals, der so genannten Kernfinanzierung;
- Ablösung von Fremdkapital;
- Optimierung der Bilanzstruktur;
- Aufstockung der Betriebsmittel, Vergrößerung des Liquiditätsspielraums;
- Wachstumsfinanzierungen in mit größeren Risiken behafteten Geschäftsfeldern.

Der sinnvolle (prozentuale) Anteil von Eigenkapital an der Unternehmensfinanzierung lässt sich nicht allgemeingültig bestimmen; er hängt ab von mehreren spezifischen Faktoren:

- Branche, in der das Unternehmen tätig ist;
- Volatilität der Kapitalflüsse in das und aus dem Unternehmen;
- zur Verfügung stehende Sicherheiten;
- Risikoneigung der Unternehmensführung und der Anteilseigner.

Auch eine vollständige Eigenkapitalfinanzierung kann Sinn ergeben, verbietet sich aber meist, weil wegen der gegenüber Fremdkapital beschränkten Verfügbarkeit von Eigenkapital die geschäftlichen (Expansions-)Möglichkeiten zu stark begrenzt sind. Auch in der betriebswirtschaftlichen Mathematik lässt sich die Eigenkapitalrendite mit dem Einsatz von Fremdkapital steigern, sofern die Ertragsmarge höher ist als die Fremdfinanzierungskosten. Je höher jedoch der Eigenkapitalanteil eines Unternehmens, desto größer ist dessen Resistenz gegenüber Krisen.

Grundsätzlich gilt: Je volatiler, je schwankungsanfälliger der Einnahmestrom eines Unternehmens und je größeren Unwägbarkeiten dieser Strom unterworfen ist, desto höher sollte in der Gesamtfinanzierung der Anteil des Eigenkapitals sein – so z. B. bei (starken) Schwankungen der Umsätze aufgrund von saisonalen oder konjunkturbedingten Veränderungen. Gleiches gilt, wenn die Umsatzentwicklung erhöhten Risiken unterworfen ist, wie z.B. bei innovativen Produkten oder Märkten mit häufig wechselnden Rahmenbedingungen. Unternehmen mit vergleichsweise stetem Einnahmestrom, wie Energie- oder Wasserversorger, können hingegen zur Erhöhung der Eigenkapitalrendite einen tendenziell höheren Anteil an Fremdkapital aufnehmen.

Der Eigenkapitalanteil sollte in der Tendenz auch höher sein, wenn nur wenige stille Reserven oder sonstige Reserven (noch nicht in Anspruch genommene Bürgschaften oder verbindlich zugesagte, nicht ausgenutzte Kreditlinien) zur Verfügung stehen. Schließlich ist der Eigenkapitalanteil abhängig von der Risikoneigung der Unternehmer. Je risikofreudiger und in guten Geschäftsphasen gewinnmaximierender diese orientiert sind, desto geringer dürfte wohl der Anteil des Eigenkapitals in der Unternehmensfinanzierung ausfallen. Gänzlich ohne Eigenkapital ist die Finanzierung von Unternehmen nur in Ausnahmefällen möglich.

8.3 Eigenkapitalinstrumente

Echte Eigenkapitalinstrumente sind Anteile an der Aktiengesellschaft (AG), an der Gesellschaft mit beschränkter Haftung (GmbH), an der Kommanditgesellschaft (KG), an der Offenen Handelsgesellschaft (OHG), der Gesellschaft bürgerlichen Rechts (GbR), der Partnerschaftsgesellschaft oder die Form des Einzelkaufmanns. Das (eigenkapitalähnliche) Gesellschafterdarlehen ist ein weiterer Baustein der Basisfinanzierung. Die Gewinnthesaurierung (einbehaltene Überschüsse) trägt überdies zur Eigenkapitalbildung bei (so genannte Innenfinanzierung).

Klassisches Eigenkapital ist die direkte Übernahme von Anteilsrechten an einem Unternehmen gegen Einlage von Geld oder Sachmitteln. Die Kapitalgeber übernehmen das volle unternehmerische Risiko – ihrer jeweiligen operativen Strategie liegen weitgehend gleiche Motive zugrunde. Bei bestehenden Gesellschaften fließen neue Mittel dem Unternehmen von außen über die Erhöhung des Grund-/Stammkapitals zu, entweder nur von den bisherigen Eignern oder von neuen Gesellschaftern.

In welcher gesellschaftsrechtlichen Form Eigenkapital eingeworben werden soll, hängt zum einen vom Risikopotenzial und vom Geschäftsvolumen der (geplanten) Unternehmung ab, zum anderen von der Entwicklungsstrategie und von der Bereitschaft der Anteilseigner, Risiken zu übernehmen. Bei den so genannten Kapitalgesellschaften (AG und GmbH) haften die Eigentümer nur mit ihrer Kapitaleinlage, bei den anderen Formen, den Personengesellschaften, haften die Eigner im Konkursfall gegebenenfalls auch mit ihrem Privatvermögen. Eine Sonderform bilden hierbei die KG, bei der nur die Komplementäre auch mit ihrem Privatvermögen haften, nicht aber die Kommanditisten, und die (eingetragene) Partnerschaftsgesellschaft, hinsichtlich derer besondere Regelungen gelten.

Bei einer großen Zahl an Eigentümern oder im Zeitablauf vieler zu erwartender zusätzlicher Eigentümer bietet sich – nicht zuletzt wegen der vergleichsweise einfachen Übertragbarkeit der Anteile – die Aktiengesellschaft als Gesellschaftsform an, bei nur wenigen Eignern die anderen Gesellschaftsformen, denn bei einer AG sind die administrativen Kosten und das Verwaltungsprocedere (Aufsichtsrat, gesetzliche Regularien zur Hauptversammlung etc.) am größten.

Die Wahl der Unternehmensform und damit für das Eigenkapitalinstrument hängt also in letzter Konsequenz ab von:

- dem Geschäftszweck;
- der Außenwirkung der Unternehmensform;
- der Risikobereitschaft der Gesellschafter;
- der Zahl der Eigentümer;
- der voraussichtlichen Wechselhäufigkeit in der Eigentümerstruktur;
- steuerlichen Motiven.

8.4 Eigenkapitalgeber und ihre Motive

Typische Eigenkapitalgeber sind Unternehmer (Initiatoren), Fonds, Vermögensverwalter, Privatinvestoren, strategische Investoren, (mittelständische) Beteiligungsgesellschaften, Private-Equity-Gesellschaften und in seltenen Fällen Banken. Eigenkapitalgeber zeichnen sich aus durch die vergleichsweise Langfristigkeit ihres Engagements, es gibt i.d.R. keine Befristung in der Dauer der Unternehmung. Nicht selten besitzen Eigenkapitalgeber dennoch einen Zeithorizont und fordern daher Ausstiegsszenarien, sie tauschen dann quasi ihre Position mit neuen Eigenkapitalgebern. Eigenkapitalgeber beenden ihre Investition meist mit dem Verkauf ihrer Anteile an andere Eigenkapitalgeber.

Der Anreiz für Financiers, Eigenkapital zur Verfügung zu stellen, besteht in hohen, theoretisch sogar unbegrenzten Gewinnaussichten. Die Ausschüttungen auf das Eigenkapital, die Rendite, sind das entscheidende Motiv der Kapitalgeber zur Finanzierung. Der Preis von Eigenkapital (erwartete/erhoffte Rendite) spiegelt dabei nicht nur Substanzwerte und gegenwärtige wirtschaftliche Verhältnisse, sondern mitunter auch Illusionen wider, v.a. die Illusion unerwarteten Gewinnwachstums. Diese Tatsache setzen Unternehmen i.d.R. gezielt bei der Akquise von Eigenkapital ein, indem sie die zukünftigen Perspektiven besonders günstig/optimistisch darzustellen versuchen.

Sollen zusätzliche Eigenkapitalgeber geworben werden, so muss das Unternehmen attraktiv präsentiert werden. Die Aufnahme zusätzlicher Eigner führt aber im Grundsatz zu einer Veränderung der Stimmrechtsverhältnisse unter den bisherigen Anteilseignern. Hier könnten sich Interessenkollisionen ergeben, die möglicherweise durch ergänzende Vereinbarungen auszuschließen sind. Eigenkapitalgeber sind interessiert an der Teilnahme und Unterstützung einer unternehmerischen, innovativen Idee und an der Erzielung eines möglichst hohen Gewinns aus der operativen Umsetzung dieser Ideen in einem strategischen Konzept. Das heißt: Je höher das Risiko ist, desto höher muss die (potenzielle) Rendite sein.

8.5 Für und Wider von Eigenkapital

Eigenkapital besitzt in der Unternehmensfinanzierung einen entscheidenden Vorzug: bei schlechter Ertragssituation kann eine Renditezahlung auf einen späteren Zeitpunkt verschoben werden oder ganz ausfallen. Eigenkapital ist dann für das Unternehmen (zunächst) kostenlos. Wird dieser Aspekt in die Gesamtbetrachtung einbezogen, kann Eigenkapital sogar zu den günstigen Finanzierungsformen zählen. Ein weiterer Vorzug von Eigenkapital liegt in seiner Ankerfunktion für die gesamte Unternehmensfinanzierung – es wird voll haftend und unbeschränkt zur Verfügung gestellt.

Aus Unternehmens- wie Eignersicht kann Eigenkapital – je nach Standpunkt und Zeitpunkt – auch Nachteile bedeuten. Dies könnte der Fall sein, wenn

- im Zuge von Kapitalerhöhung strittige Fragen bezüglich der Unternehmensbewertung entstehen;
- die Vorstellungen der Eigentümer nicht mit denen des Managements korrespondieren;
- unterschiedliche Renditeerwartungen der Eigenkapitalgeber hinsichtlich des übernommenen Risikos bestehen und hohe Ausschüttungen erwartet werden;
- die persönliche Haftung von Gesellschaftern bei Personengesellschaften tatsächlich auch einmal in Anspruch genommen wird;
- mit Private Equity und entsprechend verbundener Fremdkapitalaufnahme der Kapitalfluss des Unternehmens zu stark belastet wird.

Grundsätzlich aber bietet Eigenkapital viele Vorteile, wenig Nachteile. Eine abschließende Würdigung von Für und Wider sowie dem richtigen Anteil des Eigenkapitals an der Gesamtfinanzierung hängt davon ab, welches Unternehmensziel eine operativ tätige Gesellschaft verfolgt und welche (Finanzierungs- und Kapitalfluss-)Risiken diese dabei zu akzeptieren bereit ist. Darüber hinaus spielt eine Rolle, ob ein Unternehmen in einer frühen Entwicklungsphase steht oder bereits über eine längere Historie verfügt.

Alle diese individuellen Aspekte müssen bedacht werden, wenn es um folgende Punkte geht:

- In welchem Umfang ist Eigenkapital in der jeweiligen Unternehmensfinanzierung sinnvoll?
- In welchem Umfang fordert der Markt Eigenmittel, bevor er weiteres (Fremd-)Kapital zur Verfügung stellt?
- Welche Eigenkapitalquote entspricht dem Wunsch der Eigentümer?
- Welcher Eigenkapitalanteil ist den Umständen entsprechend im Unternehmen sinnvoll einzusetzen?

8.6 Auf den Punkt: Sinnvoller Einsatz von Eigenkapital

Eigenkapital besitzt entscheidende Signalfunktion: Seine relative Höhe an der Gesamtfinanzierung sendet die Botschaft an den Markt, wie stark sich die Eigentümer mit ihrem Unternehmen identifizieren und wie widerstandsfähig das Unternehmen in Krisensituationen ist. Denn es besteht eine hohe Korrelation dieser Identifikation mit dem wirtschaftlichen Erfolg: Echtes Eigenkapital ist die solideste Finanzierungsbasis für ein Unternehmen.

Inwieweit die mathematische Maximierung der Eigenkapitalrendite oder andere unternehmenspolitische Ziele eine Rolle spielen und ob – aus Sicht der Initiatoren/Unternehmer – überhaupt ausreichend Eigenkapital zur Verfügung steht, bleibt eine Frage des Einzelfalles. So gilt es schließlich die individuelle Balance zu finden aus Kapitalverfügbarkeit, Finanzmathematik (rechnerische Gewinnmaximierung), Solidität und Risikograd.

- Haftungsmasse und Grundlage der Unternehmensfinanzierung;
- Anreiz für weitere Kapitalgeber;
- wichtigster Finanzierungsbaustein bei hohen Geschäftsrisiken;
- kostensenkende Kapitalart in angespannten Unternehmenssituationen.

9 Einsatz von Fremdkapital

Fremdkapital ist der mit Abstand größte Baustein in der mittelständischen Unternehmensfinanzierung, der von der Gründung über die Expansion bis hin zur Konsolidierung Verwendung findet. Doch die Auswahl des falschen Instrumentes und die Vereinbarung nachteiliger Konditionen kann aus der wachstumsfördernden Wirkung von Fremdkapital eine erhebliche Risikokomponente machen.

9.1 Fremdkapital als ergiebige, aber anspruchsvolle Finanzierungsquelle

Fremdkapital eignet sich in erster Linie zur Finanzierung bestehenden und bewährten Geschäfts. Seine Vorzüge kann Fremdkapital ausspielen, wenn der Verausgabung der Mittel ein sofort einsetzender, kontinuierlicher und nachhaltiger Einnahmestrom gegenübersteht. Fremdkapital kann auch in Situationen sinnvoll eingesetzt werden, in denen es eine unverzügliche Kostenersparnis bedeutet. Fremdkapitalgeber überlassen einem Unternehmen Mittel für eine bestimmte Laufzeit.

Dafür erhalten die Kapitalgeber eine feste oder variable Zinszahlung, die in ihrer Höhe grundsätzlich von den jeweiligen Marktkonditionen (Zinsniveau) und dem individuellen mit dem Engagement verbundenen Risiko abhängt. Zum Ende der (oder über die) Laufzeit zahlt das Unternehmen den ursprünglichen Kapitalbetrag (eventuell mit Abschlag oder Aufschlag) an den Kapitalgeber zurück. Nach diesem Grundmuster sind alle Fremdkapitalinstrumente konstruiert.

Fremdkapital ist eine ergiebige Finanzierungsquelle, denn es steht in großem Umfang zur Verfügung. Gleichzeitig ist es aber auch eine anspruchsvolle Finanzierungsquelle, denn der Begründungs- und Darstellungsaufwand hinsichtlich des Unternehmens und des Finanzierungsvorhabens ist recht aufwendig. Nur wenn die Fremdkapitalgeber das Unternehmen und den Kapitaleinsatz verstehen, sind sie zur Mittelgewährung bereit.

Zu den Voraussetzungen, Fremdkapital zu erhalten, gehören das Beachten bestimmter Kriterien (wie z.B. die Einhaltung von Kennziffern, die Anforderung an Gesellschaftsform und Managementqualität), Formalien (Vollständigkeit und Aussagekraft der Unterlagen) sowie die über die Pflicht hinausgehende Kür (z.B. umfangreiche Unternehmensanalyse, Risikodarstellung, exakte Verwendungserklärung des gewünschten Kapitals, Unternehmensperspektiven, Managementleistung).

Nach Erfüllen dieser Voraussetzungen liegen die wesentlichen Aspekte für das Unternehmen hinsichtlich der Überlassung von Fremdkapital in der präzisen Formulierung der entsprechenden Verträge, d.h. in der Definition des Leistungsumfanges und in der Vereinbarung der Konditionen.

- Höhe und Zeitdauer des zur Verfügung gestellten (Kapital-)Betrags;
- Rückzahlungsmodalitäten;
- Kompensation für den Verzicht des Kapitalgebers auf diesen Betrag für einen bestimmten Zeitraum (Zins);
- Reihenfolge, in welcher die Gläubiger das Risiko eines Zahlungsausfalls ihres Schuldners tragen müssen (Hierarchie der Gläubiger);
- vom Unternehmen dem Kapitalgeber im Gegenzug zur Finanzierung zu stellende Sicherheiten, auf die der Kapitalgeber im Falle eines Zahlungsausfalles zurückgreifen kann;
- Verwendungszweck des überlassenen Kapitals (mehr oder weniger konkret vereinbart, ob die zur Verfügung gestellten Mittel als Betriebsmittel für Investitionen, zur Umschuldung, zur Refinanzierung oder für expansive Strategien zur Verfügung gestellt werden).

Zu den Konditionen gehören auch Auflagen (*covenants*), also bestimmte Vorgaben oder wichtige Finanzkennzahlen, die über die Vertragsdauer einzuhalten sind. Beispielsweise könnte der Darlehensgeber verlangen, dass der Unternehmer sich verpflichtet, wesentliche Betriebsteile nicht zu veräußern oder bestimmte absolute oder relative Verschuldungsgrenzen nicht zu überschreiten.

Letztlich kann eine Kreditvereinbarung vorsehen, ob weitere Schuldverhältnisse eingegangen werden dürfen, und wenn ja, in welcher Höhe und zu welchen Konditionen. Dabei ist auch zu klären, ob neuen Kreditgebern gegenüber den Altgläubigern zusätzliche Sicherheiten zugebilligt werden dürfen und ob solche Kreditgeber in der Rangordnung der Gläubiger eine günstigere Stellung einnehmen können als bisherige Fremdkapitalgeber.

9.2 Verwendungen für Fremdkapital

Kredit, Schuldschein, Inhaberschuldverschreibung und Anleihe (Sammelbegriff hier: Kredit/Darlehen) eignen sich zur Finanzierung einer ganzen Reihe von Investitionsvorhaben und Kapitalbedürfnissen. Zudem haben grundsätzlich Unternehmen jeglicher Größe Zugang zu dieser Finanzierungsquelle. Bei den möglichen Mittelverwendungen ist zu unterscheiden zwischen den beiden Feldern Bilanzfinanzierung und Geschäftsfinanzierung.

Grundsätzlich bevorzugen Fremdkapitalgeber bei ihren Engagements einen stetigen und nachhaltigen Kapitalfluss im Geschäft des Kreditnehmers. Dies kommt Wirtschaftsbereichen mit schwach ausgeprägten konjunkturellen Zyklen oder stetigen Absatzleistungen zugute. Kapitalgeber mit erhöhter Risikoneigung akzeptieren auch eine stärkere Volatilität im Kapitalfluss, verlangen dafür aber eine höhere Verzinsung der eingesetzten Mittel. Zweifellos kann ein kreditsuchendes Unternehmen bei der Vergabe von Fremdmitteln bemüht sein, das Risiko des Kapitalgebers durch die Stellung von Sicherheiten (teilweise) zu kompensieren. Gleichwohl bleibt aber der Kapitalfluss bei der Finanzierung mit Fremdkapital zentrales Beurteilungskriterium, da die Kapitalströme als Kalkulationsgröße zur Bedienung des Schuldendienstes herangezogen werden.

Bei bestehendem und bewährtem Geschäft dient die Aufnahme von Fremdkapital beispielsweise zur:

- Modernisierung von Produktionsanlagen;
- Effizienzsteigerung von unternehmensinternen Prozessen durch Investitionen in Informationstechnologie;
- Erweiterung von Betriebsteilen zwecks Kapazitätserhöhung;
- Expansion ins Ausland;
- Finanzierung von Akquisitionen oder speziellen einzelnen Projekten;
- (in Ausnahmefällen) Überbrückung vorübergehender Liquiditätsengpässe (ohne Stellung von Sicherheiten), und zwar, wenn absehbar ist, dass die Schwierigkeiten nur vorübergehend sind;
- Stärkung der Betriebsmittel (*working capital*).

Zum Bereich der Bilanzfinanzierung gehören:

- Kreditierung entstandener Verluste (sofern das Geschäft mittlerweile wieder operativ im Plus ist);
- Umfinanzierung und Ablösung anderer Verbindlichkeiten/Verpflichtungen;
- (selten) Zahlung von Dividenden oder andere Ausschüttungen.

Seine Vorzüge als Finanzierungsquelle kann der Kredit immer ausspielen, wenn der Verausgabung der Mittel ein sofort einsetzender, kontinuierlicher und nachhaltiger Zufluss an Kapital gegenübersteht. Dies ist besonders der Fall bei Erwerb eines nicht defizitären Unternehmens(-teils), das unverzüglich Einnahmen generiert, oder bei Investitionen, die innerhalb kurzer Zeit zu erhöhten Umsätzen führen. Kredite sind auch in

Situationen sinnvoll eingesetzt, in denen sie eine unverzügliche Kostenersparnis bedeuten (z.B. zur Ablösung teurer Lieferantenkredite) oder das Finanzierungsprofil des Kreditnehmers verbessern.

9.3 Fremdkapitalinstrumente

Die typischen Instrumente in der Fremdfinanzierung sind der traditionelle, von einer Bank gewährte Kredit, das Nachrangdarlehen, der von einem Konsortium unterschiedlicher Banken gewährte Kredit (syndizierter Kredit), die Kapitalüberlassung von Nicht-Banken (so genanntes Direktinvestment), der Schuldschein und schließlich die Anleihe. Diese Formen unterscheiden sich im wesentlichen durch ihre rechtlichen Ausprägungen, die mit ihnen jeweils verbundenen Informationspflichten, den Risikograd für den Darlehensgeber, die Fungibilität (Handelbarkeit) für den Kapitalgeber sowie die typischerweise dabei zu stellenden Sicherheiten.

Dieses Spektrum wird ergänzt durch so genannte strukturierte Instrumente. So lassen sich Fremdkapitalinstrumente in ihre einzelnen Komponenten (z.B. Zins, Laufzeit und Währung) zerlegen und im Anschluss individuell auf die Bedürfnisse des Kreditnehmers abstimmen. So kann beispielsweise der Zinssatz während der Laufzeit oder in Abhängigkeit von der Bonitätsentwicklung des Kapitalnehmers variieren, der Kredit ist möglicherweise von einer der Vertragsparteien vorzeitig kündbar oder Zins und Tilgung werden in unterschiedlichen Währungen bezahlt.

Kredit

Der Kredit mit seinen individuellen Ausprägungen bietet für eine ganze Reihe von Finanzierungsanlässen die geeignete Kapitalquelle. Einschließlich ergänzender Instrumente eignet sich die Kreditfinanzierung für ein breites Spektrum an Mittelverwendungen. Voraussetzung zur Inanspruchnahme dieses Instruments sind allerdings eine minutiöse Darstellung der Unternehmensverhältnisse und ein ausreichend attraktives Rendite-Risiko-Profil. Kredite werden i.d.R. von einer Bank gewährt.

Grundsätzlich gibt es den bilateralen Kredit im Rahmen eines bestimmten (auch schrittweise zur Verfügung gestellten) Betrags oder als vereinfachten Kontokorrentkredit mit flexibler Inanspruchnahme. Mischformen sind üblich, wie z.B. die Einräumung von so genannten Kreditlinien mit Ausnutzung je nach Kapitalbedarf bei zuvor vereinbarter Referenzbasis. Kreditverträge mit Banken sind grundsätzlich flexibel und sehr individuell gestaltbar, weil es kaum gesetzliche – höchstens bankinterne – Vorgaben zur Konzeption gibt. Doch nicht immer wollen die Kreditgeber diese Flexibilität auch voll ausschöpfen. Denn zum einen erleichtert die Standardisierung die Kreditverwaltung seitens der Bank, zum anderen sind mittlerweile selbst normale Kreditforderungen in beschränktem Umfang handelbar.

Worauf ist bei den Kreditverhandlungen zu achten? Wichtige Verhandlungspositionen hinsichtlich der Kreditverträge sind die Laufzeit des Kredits mit Zinszahlungs- und Tilgungszeitpunkten sowie die Höhe der jeweiligen Tilgungszahlung(en). Ein weiterer Punkt ist die Dauer der Zinsbindung. Schließlich sollten die Abtretbarkeit der Kreditforderung und etwaige Verschwiegenheitsverpflichtungen geklärt werden; allerdings sind gerade hinsichtlich ersterer die juristischen Möglichkeiten zur Begrenzung seitens der Unternehmen in der jüngeren Zeit von den Gerichten eingeschränkt worden.

Wichtig sind darüber hinaus die Kreditklauseln, die so genannten Covenants (aus dem Englischen für Vertrag, Verpflichtung, Zusicherung, Vereinbarung). Diese Klauseln regeln z.B., wie sich die Kreditkonditionen bei Bonitätsveränderungen des Kreditnehmers entwickeln oder welche Sanktionen vorgesehen sind bei Nichteinhalten des Schuldendienstes. Hier dürfte aber im Regelfall der Kreditnehmer nur über ein Vetorecht bei Klauseln verfügen, die seinen Geschäftsbetrieb oder die Finanzfreiheit bereits bei kleineren negativen Entwicklungen in unzumutbarer Art und Weise beeinträchtigen. Gegenstand der Verhandlung sollten nichtsdestotrotz grundsätzlich alle Klauseln sein.

Die Tilgung eines Darlehens erfolgt i.d.R. gleichmäßig über die Laufzeit. Diese Regelung ist für die kapitalgebende Bank wesentlich, um das Risikovolumen sukzessive abzubauen. Die Vereinbarungen mit dem Unternehmen sollten den exakten Auszahlungszeitpunkt und den Beginn der Zinszahlungsberechnung enthalten, ebenso die eventuelle Festsetzung eines Disagios, also derjenige Betrag, um den das ausgezahlte Kreditvolumen den Nennwert (Rückzahlungsbetrag) unterschreitet. Fixiert werden sollten ebenso die Zeitpunkte für Zins- und Tilgungszahlungen. Gleichzeitig sollte schriftlich vereinbart werden, welche Regelungen greifen, wenn die Auszahlung des Kredits nicht in der ursprünglich vereinbarten Höhe und nicht zu den ursprünglich vereinbarten Zeitpunkten erfolgt. Kredite können auch zu heute aktuellen Konditionen für einen späteren Zeitpunkt (per Termin) vergeben werden; dabei ist auf die Wahl des jeweiligen Zinssatzes zu achten.

Ein wesentlicher für Kreditnehmer zu beachtender Punkt ist das Kündigungsrecht der Bank. Bei Kontokorrentkrediten beispielsweise können die Banken i.d.R. das Darlehen jederzeit fällig stellen und die sofortige Rückführung der ausgelegten Mittel verlangen. Dabei ist der Kontokorrentkredit auch noch vergleichsweise teuer. Viele Standardkreditverträge enthalten ebenfalls solche Kündigungsklauseln zu Gunsten der Bank. Ebenso behalten sich Banken bei signifikanten Bonitätsverschlechterungen ein Sonderkündigungsrecht vor. Eine Unterwerfung unter die sofortige Zwangsvollstreckung hinsichtlich der (dinglichen) Ansprüche des Kreditgebers (also der Bank) in das Vermögen des Schuldners sollte aber der Kreditnehmer keinesfalls akzeptieren.

Unternehmen sollten daher bei Bankfinanzierungen auf eine exakte Formulierung des Kündigungsrechts und der damit verbundenen Definition der Anlässe achten. Selbstverständlich steht ein Kündigungsrecht auch dem Kapitalnehmer zu. Kündigt dieser vorzeitig, ist er i.d.R. aber verpflichtet, die Bank für die eventuell ausfallenden Zinszahlungen zu kompensieren (Vorfälligkeitsentschädigung). Auch ist zu klären, zu welchen Voraussetzungen vorzeitig getilgt werden kann. Das Unternehmen muss schließlich entscheiden, ob die mit der Mittelgewährung verbundenen Auflagen einzuhalten sind.

Kreditvertragskomponenten sind:

- Kreditbetrag: ausgezahltes und zu tilgendes Volumen (Agio, Disagio);
- Kreditzins: Höhe des Zinssatzes, Dauer der (ersten) Zinsbindung (mitunter kürzer als Kreditlaufzeit);
- Zinsberechnung: Datum, ab dem Zinsen berechnet werden; Termine und Intervalle zu denen Zinsen zu entrichten sind;
- Kreditlaufzeit: Termin der Endfälligkeit; Termine und Höhe vorheriger Tilgungszahlungen;
- Kreditklauseln (Covenants): Auflagen, insbesondere einzuhaltende Referenzwerte; sonstige Regeln und Sanktionen bei Nichteinhaltung/Nichterfüllung der Auflagen und Vereinbarungen hinsichtlich des Unternehmensbetriebes und Finanzmanagements;
- Gläubigerrang, den der Unternehmer weiteren Darlehen, die zu einem späteren Zeitpunkt von Dritten aufgenommen werden, vertraglich einräumen darf;
- Abtretbarkeit: Verkauf der Forderung seitens der Bank;
- Verschwiegenheitsverpflichtung: Informationskompetenz seitens der Bank über die Kreditvereinbarung;
- Kündigungsrechte: Vereinbarung, unter welchen Bedingungen/Voraussetzungen die Bank den Kredit zu welchen Zeitpunkten kündigen darf; Vereinbarung, zu welchen Bedingungen und Konditionen das Unternehmen den Kreditvertrag kündigen kann.

Nachrangiger Kredit

Der nachrangige Kredit unterscheidet sich vom klassischen (Bank-)Kredit im Wesentlichen in der Anspruchsrangfolge des Kapitalgebers. Während der klassische Kredit vorrangig ist, also im Konkursfall des Unternehmens zur ersten Gruppe der zu berücksichtigenden Darlehensgeber gehört, kommt der Gläubiger nachrangiger Schulden erst zum Zug, wenn die Ansprüche der ersten Gruppe befriedigt wurden.

Konsortialkredit

Der Unterschied des Konsortialkredits zum klassischen Kredit besteht darin, dass ein Unternehmenskredit im Konsortialfall nicht nur von einem Kapitalgeber, sondern gemeinschaftlich von mehreren Kapitalgebern gewährt wird. In der Praxis schließen sich dazu mehrere Banken zu einem Konsortium oder Syndikat zusammen. Das mit dem Kreditengagement verbundene Risiko wird dadurch auf eine breitere und für den einzelnen Financier tragfähigere Basis gestellt – was gerade bei Großkrediten von Bedeutung ist. Viele institutionelle Merkmale des Konsortialkredites entsprechen grundsätzlich dem klassischen Kredit, obgleich die Vertragsbedingungen eines Konsortialkredites umfangreicher und restriktiver formuliert sind als bei bilateralen Finanzierungsbeziehungen. Zudem ist i.d.R. die umfangreiche Stellung von Sicherheiten erforderlich.

Private Debt und Direktinvestoren

Kredite werden traditionell von Geschäftsbanken oder bankähnlichen Institutionen vergeben. Doch gewinnen in der Darlehensvergabe zunehmend Versicherungen, spezielle Fonds und Vermögensverwalter, die so genannten Direktinvestoren, an Bedeutung. Diese Investorengruppe sucht verstärkt nach Alternativen zu Kapitalmarktprodukten, die z.T. starke Wertschwankungen verzeichnen. Hierbei bieten sich Unternehmensdarlehen mit interessanten Rendite-Risiko-Profilen an, solche Darlehen weisen praktisch keine (nominalen) Wertschwankungen auf. Aus dieser Entwicklung haben sich mittlerweile für Unternehmen willkommene alternative Kapitalquellen ergeben. Diese Finanzierungsquelle kann für den Mittelstand eine Option darstellen, ist aber in seiner Verfügbarkeit (noch) beschränkt, daher schwer systematisch planbar und in der Folge keine ergiebige Quelle der Unternehmensfinanzierung.

Schuldschein

Der Schuldschein ist in der Fremdkapitalfinanzierung das Bindeglied zwischen kredittypischen Darlehensformen und der Kapitalmarktfinanzierung; er weist bereits Merkmale einer Verbriefung auf. Der Schuldschein kleidet das Kreditverhältnis von Kapitalgebern und Kapitalnehmern in einen förmlicheren Rahmen als das klassische Bankdarlehen. Schuldscheindarlehen werden i.d.R. nicht mit Sicherheiten unterlegt, sie setzen deshalb aber eine Mindestbonität des Unternehmens voraus. Aufgrund dieser geringfügigen Standardisierung wird die außerbörsliche Übertragbarkeit der den Schuldscheinen unterliegenden Forderungen erleichtert und damit die Attraktivität dieses Instrumentes für Investoren erhöht.

Rechtlich handelt es sich bei einem Schuldschein um ein Schriftstück, das der Schuldner ausstellt und in welchem er eine bestimmte Leistung – die Rückzahlung eines bestimmten Darlehensbetrages zu einem bestimmten Zeitpunkt – verspricht oder zu Beweissicherungszwecken bestätigt. Rechtlich sind Schuldscheine aber keine Wertpapiere. Denn Wertpapiere sind Urkunden, die ein Recht (z.B. eine Zahlungsforderung) derart verbriefen, dass das Recht ohne die Urkunde nicht geltend gemacht werden kann (z.B. eine Anleihe).

Anders bei einem Schuldschein: Einen Rückzahlungsanspruch besitzt nur der Darlehensgläubiger (also der ursprüngliche Kapitalgeber), nicht aber zwingend derjenige, der den Schuldschein gerade im Besitz hält. Bei einem Besitzerwechsel des Schuldscheines wird deshalb oft auch nicht von Handel, sondern von Umplatzierung gesprochen. Schuldscheine werden meist von den Ersterwerbern bis zur Endfälligkeit gehalten; gerade Sparkassen tauschen aber auch Schuldscheine untereinander, um ihr Kreditportfolio mit Forderungen gegen Unternehmen außerhalb ihres Einzugsbereichs zu diversifizieren.

Häufig sind Schuldscheine nicht fest verzinsliche, sondern variabel verzinsliche Papiere. Dies ist der Fall, wenn Kapitalgeber zwar bereit sind, das Ausfallrisiko des Emittenten auf ihre Bücher zu nehmen, nicht aber zusätzlich das Risiko einer Änderung des Marktzinssatzes. Denn i.d.R. korrespondieren die gängigen Absicherungsinstrumente gegen eine Veränderung des Zinsniveaus nicht mit den individuellen Laufzeiten der Schuldscheine und ihren jeweiligen Volumina.

Das Laufzeitenspektrum von Schuldscheinen beträgt drei bis zehn Jahre. Schuldscheindarlehen können dazu dienen, den Kreis an Financiers gegenüber den bisherigen Kreditgebern zu erweitern oder durch Umfinanzierung von Krediten die in der Folge freiwerdenden Sicherheiten an anderer Stelle in der Unternehmensfinanzierung einzusetzen. Gleichzeitig werden die Kreditlinien bei Banken nur noch in reduziertem Umfang ausgeschöpft.

Der Schuldschein eignet sich zur Bilanz- wie zur Geschäftsfinanzierung gleichermaßen. Soll er zur Kapitalunterlegung von Expansion und Investitionen eingesetzt werden, müssen die Vorhaben in vernünftiger Relation zur Unternehmensgröße stehen und ihre Durchführung die Finanzrelationen nicht wesentlich verändern. V.a. aber sollte eine positive Wirkung auf den Kapitalfluss zu erwarten sein.

Daher eignet sich der Schuldschein auch hervorragend zur Ablösung (teurer) Lieferantenkredite oder zur Verkürzung/Verlängerung des bestehenden Fristenprofils beim Fremdkapital, sofern dadurch eine Lastenreduzierung des Schuldendienstes beziehungsweise eine spürbare Streckung der Tilgung erreicht wird. Voraussetzung zur Begebung eines Schuldscheines ist ein Mindestmaß an Bonität.

Anleihe

Anleihen sind aufgrund ihrer institutionellen Anforderungen und Kosten nur für größere und große mittelständische Unternehmen geeignet. Auch erfordern sie in der Praxis des Finanzmarktes eine Mindestgröße des Emittenten mit ausreichender Bonität und bestimmte Emissionsvolumina. Gleichwohl ist die Begebung von Anleihen theoretisch bei jeder Unternehmensgröße und auch mit kleineren Volumina (z.B. 1 Mio. EUR) möglich. Einige wenige Mittelständler haben von dieser Möglichkeit bereits Gebrauch gemacht. Doch steht i.d.R. der damit verbundene Aufwand (Formalien, Plazierung, Administration) in keinem sinnvollen Verhältnis zu den zufließenden Mitteln. Darüber hinaus ist für kleinere Unternehmen der Emissionserfolg nur schwer bestimmbar und muss nicht zwangsläufig zum Erlös des benötigten Kapitalbetrags führen.

Rahmenbedingungen für Fremdkapital

- Übliche Mindestanforderungen an Darlehen:
  - Eigenkapital zu Gesamtkapital, also Eigenkapital in Relation zu Eigenkapital plus Fremdkapital (zzgl. Pensions- und Leasingverpflichtungen): mindestens 25 %;
  - Nettoverschuldung zu Betriebsergebnis, also Gesamtverschuldung minus liquide Mittel in Relation zum Betriebsergebnis vor Abschreibungen (Obergrenze letztlich abhängig von der Unternehmensbranche): maximal 400 %;
  - Betriebsergebnis zu Nettozinsdeckung, also Betriebsergebnis vor Abschreibungen in Relation zur Nettozinsdeckung (Zinsaufwand minus Zinsertrag): maximal 350 %.
- Wichtige Bestandteile eines Finanzierungsabkommens:
  - Kredithöhe;
  - Kreditlaufzeit;
  - Zins und Zahlungszeitpunkte;
  - Rangfolge in der Hierarchie der Gläubiger;
  - Sicherheiten;
  - Covenants (Auflagen);
  - Verwendungsbeschränkungen, Beschränkungen bei geschäftlichen Entscheidungen, Beschränkungen im Finanzmanagement.

- Anspruch des Investors:
  - vorrangig bei klassischem, syndiziertem Kredit, beim Schuldschein, nachrangig bei nachrangigem Kredit;
  - vorrangig bei der Anleihe, meist beim Direktinvestment.
- Vom Kapitalnehmer zu stellende Sicherheiten:
  - i.d.R. Sicherheiten bei klassischem, nachrangigem, syndiziertem Kredit;
  - keine Sicherheiten bei Schuldschein, Direktinvestment.
- Informationspflicht des Kapitalnehmers:
  - regelmäßige Informationspflicht bei klassischem, nachrangigem, syndiziertem Kredit;
  - Informationspflicht halbjährlich oder bei drohendem Ausfall des Kapitaldienstes hinsichtlich Direktinvestment, Schuldschein, Anleihe.
- Instrument seitens der Kapitalgeber handelbar:
  - handelbar bei klassischem, nachrangigem, syndiziertem Kredit;
  - nicht handelbar: Direktinvestment;
  - Handel (Umplatzierung) möglich beim Schuldschein;
  - handelbar: Anleihe.

9.4 Prozess der Zinsbildung

In den Prozess der Zinsbildung gehen mehrere Faktoren ein. Grundlage sind die individuellen Refinanzierungskosten der kreditgebenden Bank. Diese sind von außen schwer abschätzbar, sie ergeben sich aus der aktuellen Marktlage, der Bonität der Bank und aus ihrer Finanzierungsstrategie. Anhaltspunkte für die Höhe sind relevante Referenzzinssätze, wie z.B. der Euribor (Euro Interbank Offered Rate) oder die Pfandbriefzinskurve bei Immobilienfinanzierungen.

Eine weitere Kreditzinskomponente ist die Höhe der erforderlichen Eigenkapitalunterlegung des Kredits seitens der Bank; sie richtet sich nach dem Rating des kapitalnehmenden Unternehmens, also der Ausfallwahrscheinlichkeit des Kredites. Je höher diese Wahrscheinlichkeit, desto mehr Eigenkapital ist erforderlich und desto teurer wird der Kredit. Zu Zeiten von Basel I waren es einheitlich 8% der Kreditsumme an Unterlegung, unter Basel II seit dem Jahr 2007 sind es in Abhängigkeit vom Rating zwischen 1% und über 20%.

Doch ist die Eigenkapitalunterlegung nicht allein abhängig von der Bonitätsbeurteilung des kreditnehmenden Unternehmens. Hinzu kommen weitere Faktoren wie Unternehmensgröße sowie Art und Höhe des zu gewährenden Kredites. Beispielsweise werden Kredite an einen Kreditnehmer von konsolidiert bis zu 1 Mio. EUR mit einem geringeren Risikomaß gewichtet. Gleiches gilt bei mit gewerblichen Immobilien besicherten Krediten. Ein erhöhtes Risikomaß besitzen Forderungen, die ein schlechtes externes Rating aufweisen oder Ausleihungen, bei denen der Forderungsschuldner mehr als 90 Tage mit seinen Zahlungen in Verzug ist.

Die wesentliche Komponente bei der Zinsbildung ist die Risikoprämie. Dies ist derjenige Teil des Zinssatzes, den der Kreditgeber als individuellen Ausgleich für das mit dem Engagement verbundene Risiko verlangt. Das kapitalsuchende mittelständische Unternehmen kann hier als eher vage Anhaltspunkte auf Referenzgrößen des Marktes zurückgreifen, beispielsweise in Form von Renditen auf Anleihen vergleichbarer Unternehmen (vergleichbares Risiko) oder Indizes für die Renditeentwicklung bestimmter Schuldscheinkategorien.

Kriterium für die Kalkulation der Risikoprämie ist auch, welche Stellung der Darlehensgeber in der Rangordnung der Gläubiger einnimmt, d.h. in welcher Reihenfolge im Falle der Zahlungsunfähigkeit des Unternehmens die Gläubiger auf das verbliebene Unternehmensvermögen oder die jeweils gestellten Sicherheiten zur Deckung ihrer Forderungen zugreifen können. Darüber hinaus nimmt die Höhe der von der Bank gewünschten Eigenkapitalverzinsung Einfluss auf den Kreditzins. Schließlich kommen die Gebühren hinzu.

Die jeweiligen Komponenten sind jedoch nicht einfach addierbar, vielfach kommt es zu Überschneidungen. Beispielsweise decken Refinanzierung und gewünschte Eigenkapitalverzinsung die Unterlegungsanforderungen bereits ab. Banken können sich z.T. sehr günstig refinanzieren und liegen dann unterhalb des Refinanzierungssatzes. Eine hohe angestrebte Eigenkapitalverzinsung geht zu Lasten der Risikoprämie; um gegenüber anderen Banken wettbewerbsfähig zu bleiben, sind auch den Zinsforderungen nach oben Grenzen gesetzt.

Abbildung 6: Komponenten der Kreditzinsbildung

[1a]	Refinanzierungssatz der Bank, i.d.R. ein Referenzzinssatz, wie z.B. Euribor oder Pfandbriefrendite
[1b]	Tatsächliche Refinanzierungskosten der Bank
[2]	Marge (gewünschte Eigenkapitalverzinsung der Bank)
[3]	Eigenmittelunterlegung des Kredites in Abhängig vom Rating des Unternehmens (in Prozent der Kreditsumme nach Basel II)
[4 = 1b + 2 + 3]	Eigenmittelkosten der Bank, also Kosten, die durch Unterlegung des Kredites entstehen (abhängig vom Rating des Unternehmens und von gewünschter Eigenkapitalverzinsung)
[5]	Risikoprämie, also Zinskomponente, welche die Bank als individuellen Ausgleich für das mit dem Engagement verbundene Ausfallrisiko verlangt (Aufschlag auf obige Komponenten)
[6 = 4 + 5]	Summe = Kreditzins
[7]	Gebühren (einmalig bei Kreditzuteilung)
[8 = 6 + 7]	(Effektiver) tatsächlicher Zins (zudem abhängig von Zinszahlungszeitpunkten und Tilgung)

Hohe Unternehmensrisiken und vermeintlich hohe Risikoaufschläge im Zins müssen aber vom Unternehmen nicht als unveränderlich gegeben hingenommen werden; vielmehr kann die gezielte Ansprache von (unterschiedlichen) Fremdkapitalgebern Verhandlungsspielraum eröffnen. Dabei können einzelne Risikokomponenten erläutert und eventuell relativiert werden. Zudem nehmen unterschiedliche Banken Risiken auch unterschiedlich wahr. Möglicherweise lassen sich bisher vom Unternehmen in ihrer Bedeutung übersehene Risiken durch die Diskussion mit möglichen Darlehensgebern erkennen, exakter eingrenzen und gezielt abbauen. Unbestritten ist aber auch: Die Risikoprämie hängt ab von der Struktur der bisherigen Unternehmensfinanzierung, den Gefahren im operativen Geschäft und der aktuellen wie zukünftig erwarteten Ertragslage.

Risiken sind zwar mehr oder weniger objektivierbar, sie werden aber dennoch subjektiv unterschiedlich empfunden – sofern die diesbezüglichen Informationen den Adressatenkreis überhaupt erreichen. Hier setzt die direkte Ansprache der Fremdkapitalinvestoren an. Mit aktivem Beziehungsmanagement zu Fremdkapitalgebern lässt sich deren Wahrnehmung von Risiken in gewissem Rahmen steuern und gleichzeitig die Informationsübertragung optimieren. Hinsichtlich Informationen sehen sich Kapitalnehmer aber häufig nicht in einer Bringschuld – und so scheitern Finanzierungsbeziehungen schon allein aufgrund solcher Kommunikations- und Informationsdefizite.

9.5 Für und Wider von Fremdkapital

Die aus Unternehmenssicht nachteilige Seite von Fremdkapital ist die Verpflichtung zur unbedingten Leistung des vertraglich vereinbarten Schuldendienstes. Nachverhandlungen bei verschlechterter Geschäftslage sind – außer beim klassischen Kredit – meist nicht möglich. Dies berücksichtigt nur in seltenen Fällen mögliche Liquiditätsengpässe, was bereits zu Unternehmenszusammenbrüchen geführt hat. Hinzu kommt, dass beim Fremdkapital die Mittelverwendung eingeschränkt sein kann.

Der Informations- und Dokumentationsaufwand für Schuldner zur erfolgreichen Aufnahme von Fremdkapital ist in den vergangenen Jahren deutlich gestiegen. Die Kapitalgeber sind risikobewusster und informationssensibler geworden, sie verlangen nunmehr zur Einschätzung und Beurteilung des Rendite-Risiko-Profils deutlich mehr Informationen als früher. Nichtsdestotrotz ist Fremdkapital in vielen Fällen nach wie vor die erste Wahl in der Unternehmensfinanzierung. Denn Fremdkapital weist eine hohe Flexibilität in der Strukturierung auf, ohne dabei möglicherweise überzogene Renditewünsche aus günstiger Gewinnentwicklung befriedigen zu müssen.

Bei Fremdkapital sind die Zahlungsströme vergleichsweise gut planbar, die Mitspracherechte halten sich in (mehr oder weniger) engen Grenzen und die Verzinsungslast ist i.d.R. dem übernommenen Risiko angemessen. Fremdkapital eignet sich zur Bilanzrestrukturierung, zur Umfinanzierung, zur Expansion in bekannte, tradierte und den bisherigen Unternehmensbereichen naheliegende Geschäftsfelder sowie zum Kauf von anderen Unternehmen mit stetigem Kapitalfluss. So ist ein abschließendes Votum über Fremdfinanzierungen letztlich abhängig von der individuellen Unternehmenssituation und sogar dem speziellen Finanzierungsfall.

9.6 Auf den Punkt: Sinnvoller Einsatz von Fremdkapital

Das insgesamt zur Verfügung stehende Volumen an Fremdkapital ist deutlich größer als bei jeder anderen Kapitalart. Aus diesem Grund empfiehlt es sich, diesen Finanzierungsbaustein in die Unternehmensfinanzen zu integrieren, um so knappes Eigenkapital geschäftsfördernd zu ergänzen und im günstigen Falle die Rendite auf das eingesetzte Eigenkapital zu erhöhen. Seine Vorteile kann Fremdkapital besonders dann ausspielen, wenn bei der vertraglichen Gestaltung Wert gelegt wurde auf die individuelle Anpassung an die unternehmensspezifischen Besonderheiten. Die Verwendung von Fremdkapital in der Unternehmensfinanzierung setzt v.a. einen aufwendigen Dokumentations-, Analyse- und Prüfprozess voraus.

- Ergänzung der knappen Ressource Eigenkapital;
- Erhöhung der Eigenkapitalrendite bei günstigen Voraussetzungen;
- Finanzierung ohne neue Mitspracherechte;
- Abwälzung von Geschäftsrisiken auf Dritte;
- gute Kalkulierbarkeit im Finanzmanagement;
- kaum nachverhandelbarer Kapitaldienst, der auch in schlechten oder krisenhaften Unternehmensphasen zu leisten ist.

10 Einsatz von Mezzaninkapital

Wenn Eigenkapital nicht zu finden ist oder nicht eingesetzt werden soll und Fremdkapital nicht gewährt wird oder sinnvoll ist, kann sich Mezzaninkapital als Alternative anbieten. Mezzanin verbindet die Vorteile der beiden Kapitalformen, ohne in gleichem Maße die Nachteile zu übernehmen. Doch dieser Kompromiss bedeutet nicht selten hohe Kapitalkosten.

10.1 Kombination aus Eigen- und Fremdkapital für Spezialfälle

Mezzanine Finanzierungsformen dienen der Mittelbeschaffung in denjenigen Fällen, in denen eine Zufuhr von Eigenkapital nicht im Interesse der bisherigen Eigentümer liegt oder nicht zu arrangieren ist und Fremdkapital aufgrund der Bilanzstruktur nicht oder nur mit überdurchschnittlich hohen Risikoprämien erhältlich ist. Mezzanin ist ein Begriff aus der Architektur und bezeichnet ein Halb- oder Zwischengeschoss mit geringerer Raumhöhe in einem mehrstöckigen Gebäude, meist das letzte Stockwerk unter dem Dach als Dienstbotenwohnung, mitunter auch ein Zwischengeschoss zwischen Erdgeschoss und erstem Stock.

Mezzaninkapital hat sich aus der Notwendigkeit entwickelt, Finanzierungslücken zu schließen, die durch Grenzen in der Bereitstellung von Eigenkapital und Fremdkapital entstehen. Mezzanines Kapital ist flexibel gestaltbar und daher individualisierbar. In der Konsequenz ergeben sich daraus umfangreiche und aufwendige Vertragswerke. Grundsätzlich lassen sich mezzanine Produkte unterscheiden in privat plazierte Instrumente wie das Genussrecht und die stille Beteiligung oder in eher marktnahe Instrumente, wie der Genussschein, Private Equity, Venture Capital und so genannte Strukturen.

Der Vorteil von mezzaninem Kapital liegt darin, dass sein Zufluss beim Unternehmen i.d.R. nicht zu einer Veränderung der Eigentümerverhältnisse führt (dies gilt nicht für Private Equity) und dass es zudem zeitlich begrenzt ist. Diese Kapitalart ist oftmals auch erhältlich, wenn reines Fremdkapital nicht mehr zur Verfügung steht. Dafür ist Mezzaninkapital deutlich teurer für das Unternehmen als Fremdkapital.

Mezzanines Kapital diversifiziert die Finanzstruktur eines Unternehmens und verbessert mit seiner (gegenüber Fremdkapital) erweiterten Haftungsübernahme meist die Bilanzrelationen. Gleichzeitig wird die wirtschaftliche Eigenkapitalbasis gestärkt und damit die Bonität wie das Rating verbessert. Anders als bei der Aufnahme von reinem Eigenkapital ist bei Mezzaninkapital nicht immer eine aufwendige Unternehmensbewertung nötig (Ausnahme: Private Equity und Venture Capital).

Die Schwäche von mezzaninem Kapital liegt in der Komplexität und den höheren Kosten. Diese Kapitalart erfordert einen größeren Begutachtungs- und Prüfungsaufwand, um das potenzielle Investment und den konkreten Kapitaleinsatz ausreichend erfassen und beurteilen zu können. Hinzu kommt der Strukturierungsaufwand. Dies verlängert den Suchprozess nach geeigneten Financiers im Vergleich zu einem Bankkredit.

V.a. bleibt die im Vergleich zum Fremdkapital relativ hohe Verzinsung. Diese relativiert sich zwar mit Blick auf ihre teilweise Abhängigkeit vom Unternehmenserfolg, doch sind bei sehr positivem Geschäftsverlauf Zinssätze von insgesamt 20% und mehr möglich. In diesen Fällen wird wieder einmal die Grundregel der Unternehmensfinanzierung deutlich: Ein erhöhtes Risiko, dem das eingesetzte Kapital ausgesetzt ist, bedeutet auch eine entsprechend höhere Verzinsung entweder während und/oder zum Ende der Laufzeit.

10.2 Verwendungen für Mezzaninkapital

Mezzanines Kapital ist im Grundsatz Fremdkapital mit erhöhter Risikobereitschaft. Mezzanines Kapital besteht aus zahlreichen Kreditelementen, aber zum Ausgleich des erhöhten Risikos (Haftung, eingeschränkter Kapitaldienst in wirtschaftlich schwachen Phasen) auch aus eigenkapitaltypischen Elementen (gewinnabhängige Verzinsung, z.T. Mitspracherechte). Ein nennenswerter Teil der Vergütung ist vom Erfolg des finanzierten Unternehmens abhängig; Mezzaninkapitalgeber haben i.d.R. deutlich größere Kontroll- und Mitspracherechte als klassische Darlehensgeber. Dafür stärkt diese Finanzierungsart die Bonität eines Unternehmens und schafft zusätzlichen Spielraum im Sinne der geschäftspolitischen Strategie.

Trotz teilweiser Vorzüge kann mezzanines Kapital in den meisten Fällen den klassischen (Bank-)Kredit nicht ersetzen. Allerdings gibt es durchaus Situationen, in denen der Einsatz von Mezzaninkapital Vorteile mit sich bringt. Um diese Situation exakt bestimmen zu können, sollte das jeweilige Finanzinstrument in seine Bestandteile zerlegt und auf seine Tauglichkeit für den individuellen Verwendungszweck geprüft werden (Verzinsung, Konditionen, Auflagen).

Wesentliche Bestandteile eines Darlehensvertrages mit mezzaninem Kapital sind:

- Laufzeit;
- etwaige zu stellende Sicherheiten;
- laufende Verzinsung;
- auflaufende (gestundete) Verzinsung bei vorübergehend schlechter Geschäftsentwicklung;

- finale Vergütungskomponente;
- Haftungsfolge, d.h. der Grad der Nachrangigkeit;
- Auflagen, Verpflichtungen seitens des Unternehmens.

Die Gesamtverzinsung mezzaninen Kapitals setzt sich aus mehreren Komponenten zusammen. So ist die Basisverzinsung auf ein relativ niedriges Niveau abgesenkt, um den Liquiditätsspielraum des Unternehmens zu Beginn zu schonen. Diese Regelung trägt auch dem Umstand Rechnung, dass Mezzaninkapital oftmals in Krisensituationen oder Phasen mit ohnehin starker Inanspruchnahme des Kapitalflusses zum Einsatz kommt. Um diese niedrige (laufende) Verzinsung auszugleichen, wird häufig eine zusätzliche Zinskomponente vereinbart, die während der Laufzeit (mit Stundung bei schlechter Geschäftsentwicklung) oder auflaufend zum Ende der Laufzeit zu zahlen ist. Die Bedingungen hierfür sind fest vereinbart, diese Zinskomponente ist unabhängig davon zu zahlen, ob sich das mit dem zusätzlichen Mittelzufluss finanzierte Unternehmen positiv oder verlustbringend entwickelt.

Doch damit entspricht die Rendite mitunter noch nicht dem von den Kapitalgebern übernommenen (Ausfall-)Risiko. Um nun einem Kapitalgeber einen zusätzlichen oder vielleicht sogar den entscheidenden Anreiz zur Mittelvergabe zu bieten, hat sich bei mezzaninem Kapital die Hinzufügung erfolgsabhängiger Vergütungskomponenten durchgesetzt. Erst diese, von der Unternehmensentwicklung und dem Erreichen bestimmter Schwellenwerte abhängige Zahlung während und/oder zum Ende der Laufzeit unterstreicht den eigenkapitalähnlichen Charakter.

Dazu zählt die laufende Verzinsung, die sich am Überschreiten definierter Schwellenwerte in der Geschäftsentwicklung orientiert, ferner die laufende Verzinsung in direkter Abhängigkeit von der Ergebnisentwicklung und/oder die erfolgsabhängige Vergütung zum Laufzeitende. Hier ist wichtig, gleich zu Beginn die richtigen Referenzgrößen (Bezugswerte wie z.B. das operative Ergebnis mit/ohne Abschreibungen oder das Vorsteuerergebnis) zu definieren.

Je höher das von einem Investor übernommene Risiko, desto höher die als Kompensation für dieses Risiko geforderte erfolgsabhängige Verzinsung. Da mezzanine Finanzierungen in risikoreicheren Unternehmenssituationen zum Einsatz kommen, muss entsprechend auch die Rendite hier höher liegen als bei den traditionellen Darlehen.

Komponenten der Verzinsung von Mezzaninkapital sind (Gewichtung der Komponenten als Ergebnis der Verhandlung von Unternehmen und Financiers):

- Basisverzinsung, d.h. laufende erfolgsunabhängige und unbedingt zu zahlende Verzinsung auf das gewährte Kapital;
- laufende Verzinsung, d.h. feste, laufende und erfolgsunabhängige Verzinsung, die bei schlechter Geschäftsentwicklung gestundet, später aber nachgeholt wird;
- laufende, in ihren Konditionen zuvor vereinbarte Verzinsung in Abhängigkeit von der Geschäftsentwicklung (z.B. 3% auf das überlassene Kapital, wenn das Betriebsergebnis eine bestimmte Grenze übersteigt);
- laufende (Zusatz-)Verzinsung in direkter Abhängigkeit von der Geschäftsentwicklung (z.B. 3% des Ergebnisses vor Steuern und Zinszahlungen);
- (Zusatz-)Verzinsung zum Ende der Laufzeit in Abhängigkeit von der Geschäftsentwicklung;
- Gesamtverzinsung = Basiszins + laufender Zins + geschäftsabhängiger Zins + Bonuszins + Abschlusszins.

10.3 Mezzanine Finanzierungsinstrumente

Im Grundsatz sind mezzanine Finanzierungsinstrumente Darlehen, die in der Anspruchsfolge hinter klassische Fremdkapitalgeber zurücktreten. Ein weiteres Merkmal ist die erfolgsabhängige Vergütung, die i.d.R. eine feste Verzinsung ergänzt. Hinzu kommen schließlich die Mitsprache- und Kontrollrechte, die umfangreicher ausfallen als bei den meisten Fremdkapitalinstrumenten. Gebräuchliche mezzanine Instrumente in der Mittelstandsfinanzierung sind die typische und die atypische stille Gesellschaft, der Genussschein und Private Equity. Schließlich kann auch noch das ausdrückliche Risikokapital, das so genannte Venture Capital, dieser Finanzierungskategorie zugerechnet werden. Alle diese Formen unterscheiden sich zum einen hinsichtlich des mit der Kapitalbereitstellung übernommenen Risikogrades und der entsprechenden Verzinsung, zum anderen hinsichtlich der Mitsprache- und Kontrollrechte der Kapitalgeber.

Weitere mezzanine Finanzierungsinstrumente sind das partiarische Darlehen, dessen Verzinsung ebenfalls allein oder maßgeblich vom Unternehmenserfolg während der Kreditlaufzeit abhängt, und das Gesellschafterdarlehen, das von einem beziehungsweise mehreren Eigentümern dem eigenen Unternehmen gewährt wird und in Krisensituationen eigenkapitalersetzend wirkt. Darüber hinaus kann das Verkäuferdarlehen zur Kategorie Mezzaninkapital gezählt werden (Verkäuferdarlehen mit erfolgsabhängiger

Vergütung in der Übernahmefinanzierung: je ungewisser die Entwicklung des übernommenen Unternehmens, desto langfristiger und desto gewinnabhängiger ist die Verzinsung).

Stille Beteiligung

Die stille Beteiligung, oder auch stille Gesellschaft, stellt die Beteiligung eines Investors an einem Unternehmen dar, i.d.R. durch die Einbringung einer Vermögenseinlage in Form barer Geldmittel. Das eingezahlte Kapital geht in das Vermögen des bisherigen Unternehmers über, es entsteht eine so genannte Innengesellschaft zwischen Investor und Gesellschaft. Mit seiner Einlage partizipiert der Investor an den Gewinnen und Verlusten der finanzierten Gesellschaft (dafür ist exakt die Dauer seiner Beteiligung, seine Quote am Ergebnis und die Ergebnisreferenzgröße festzulegen). Die Beteiligung führt allerdings nicht zu einer dinglichen Mitberechtigung des Kapitalgebers, er wird also nicht rechtlicher Miteigentümer der Gesellschaft, sondern durch seine Einlage entsteht ein schuldrechtlicher Anspruch gegenüber dem Unternehmen. Ziel dieses Investments ist es, bei einem erfolgreichen Geschäftsverlauf von den möglichst hohen Gewinnen zu profitieren.

Die Informationsrechte sind i.d.R. auf ein Minimum reduziert, hier zählt für den Investor in erster Linie der laufende Zinsdienst (Gewinnanteil, Renditezahlung). Die Tilgung erfolgt üblicherweise zum Ende der Laufzeit des zur Verfügung gestellten Kapitals. Die stille Gesellschaft wird mittels eines kaum standardisierten, privatrechtlichen Vertrags zwischen Kapitalnehmer und Kapitalgeber vereinbart. Die Konditionen sind im Wesentlichen frei verhandelbar. Der Vorteil der stillen Beteiligung liegt in der Aufnahme von Kapital, das in der Bewertung der sonstigen Gläubiger entweder nicht als Darlehen wahrgenommen oder ähnlich wie Eigenkapital bewertet wird. Gleichzeitig werden die Eigentums- und Stimmrechte nicht verändert.

Neben dieser so genannten typischen stillen Gesellschaft gibt es auch die so genannte atypische stille Gesellschaft. Die atypische stille Beteiligung bedeutet ebenso eine Bar- oder Sacheinlage in das Vermögen des Unternehmens sowie die Beteiligung am Gewinn und Verlust. Im Gegensatz zur typischen stillen Gesellschaft erhält der Kapitalgeber bei der atypischen Form Mitspracherechte, er übernimmt gleich einem aktiven Unternehmer strategische oder auch operative Initiative, er ist i.d.R. zusätzlich an den stillen Reserven des Unternehmens und am Geschäftswert und einem etwaigen Liquidationserlös beteiligt. Der atypische stille Gesellschafter ist je nach Gestaltung des Vertrags mit mehr oder weniger umfassenden Informations-, Kontroll- und Zustimmungsrechten ausgestattet.

Anders als bei reinem Fremdkapital, bei dessen Aufnahme der Vorstand oder die Geschäftsführung nicht die Zustimmung der Eigentümer einholen muss, erfordern stille Beteiligungen das Einverständnis der Eigentümer. Im Falle von Personengesellschaften (z.B. KG oder OHG) bedeutet dies die Zustimmung aller Gesellschafter. Bei einer GmbH bedeutet dies in üblicher Weise (aber nicht zwingend) die Zustimmung von mindestens drei Vierteln der Gesellschafter. Bei AGs ist wegen der gesetzlichen Regelungen zu Gewinnabführungsverträgen bei stillen Gesellschaften ohnehin die Zustimmung von mindestens drei Vierteln des auf der Hauptversammlung einer AG vertretenen Kapitals notwendig.

Voraussetzung für ein Unternehmen, Investoren für stille Beteiligungen gewinnen zu können, ist ein tragfähiges und überzeugendes unternehmerisches Konzept. Stille Beteiligungen eignen sich nicht für wirkliche Krisenfinanzierungen, es sei denn, ein lediglich vorübergehender (Liquiditäts-)Engpass ist nur aufgrund eines einzelnen Einflussfaktors aufgetreten, der sich zügig beseitigen lässt. Investoren legen bei dieser Kapitalart Wert auf einen funktionierenden, nicht defizitären Geschäftsbetrieb mit einem positiven operativen Ergebnis. Ihr Interesse besteht darin, diesen Geschäftsbetrieb zu entwickeln, auszubauen und nach Möglichkeit profitabler zu machen. In diesem Sinne sollte auch die Kapitalverwendung stattfinden.

Genussrecht

Das Genussrecht, in seiner verbrieften Form der Genussschein, sichert eine laufende Vergütung gegen Kapitalüberlassung. Diese Vergütung und auch die Kapitalrückzahlung sind abhängig von der Gewinnentwicklung des finanzierten Unternehmens. Üblich ist eine geringe Basisverzinsung (Zahlungspflicht, unabhängig von der Geschäftsentwicklung) von etwa 2 bis 3 %. Das Genussrecht ist ein schuldrechtlicher Anspruch gegen das finanzierte Unternehmen auf Teilnahme am Gewinn, beteiligt aber auch am Verlust des Unternehmens.

Gleiches gilt für den etwaigen Liquidationserlös (letzteres wird aber aus steuerlichen Gründen meist ausgeschlossen). Der Genussrechtsinhaber wird nicht zum Gesellschafter des finanzierten Unternehmens, er ist – in theoretischer Hinsicht – vielmehr Erwerber einer Inhaberschuldverschreibung entsprechenden Rechts. Das Genussrecht ist gesetzlich nicht geregelt; die Gestaltungsmöglichkeiten sind daher recht umfangreich, so dass bereits zahlreiche „unechte" Genussrechte (anleihegleich in der Verzinsung, eigenkapitalähnlich in der Verlustbeteiligung) am Markt existieren.

Das Genussrecht eignet sich zur Finanzierung von sich in vergleichsweise guter wirtschaftlicher Verfassung befindlichen Unternehmen (mitunter auch für aussichtsreiche Projektfinanzierungen und Gründungen), die Kapital für eine ertragsstarke Geschäftsausweitung suchen. Genussrechtskapital haftet wie reines Eigenkapital, doch die Stimmrechte verbleiben bei den bisherigen Gesellschaftern, Genussrechtskapital nimmt also nicht teil an der Geschäftsführung. Das Genussrecht gewährt kein Stimmrecht und kein Recht zur Teilnahme an Gesellschafter- und Hauptversammlungen sowie keine Kontroll- und Mitspracherechte bei der Unternehmensführung. Allerdings können Informationspflichten der Geschäftsführung im entsprechenden Genussrechtsvertrag vorgesehen werden. Da Genussrechte die Gewinnverwendung eines Unternehmens betreffen, ist zur Gewährung des Genussrechtes die Zustimmung der Gesellschafter nötig (zwingend vorgeschrieben bei der AG, in sinnvoller Weise bei anderen Gesellschaftsformen, sofern es die Satzung nicht ohnehin vorschreibt).

Das Genussrecht ist im Grundsatz Fremdkapital, unbesichert und nachrangig. Insbesondere spezielle Nachrangabsprachen sind in der Praxis mittlerweile üblich. Das damit vom Investor übernommene größere Risiko (Ausfall der Zins- und Tilgungszahlungen) wird üblicherweise durch einen vom Unternehmen zu zahlenden höheren Zins abgegolten. Der Genussrechtsinvestor spekuliert auf eine positive Entwicklung des operativen Geschäftes im finanzierten Unternehmen. Gleichzeitig erzielt er – den Insolvenzfall ausgeblendet – zumindest eine fixierte Mindestverzinsung. Der große Vorteil des Genussrechts liegt darin, dass in wirtschaftlich schlechten Zeiten keine beziehungsweise nur eine geringe Zahlung auf das Genussrechtskapital geleistet werden muss, dafür aber in wirtschaftlich guten Phasen eine vergleichsweise hohe Ausschüttung.

Die Verzinsung des Genussrechts kann entweder fest, gewinnabhängig fest oder variabel in Abhängigkeit von der Gewinnentwicklung sein. Diese Verzinsungsvarianten werden auch kombiniert. Vergütungsbasis des Genussrechts ist eine feste Zinszahlung (fester Kupon, z.B. 3%) über die gesamte Laufzeit. Diese Basis kann um eine weitere feste Komponente ergänzt werden, z.B. 5% jährlich, wenn der Unternehmensgewinn (Definition!) in diesen Jahren einen zuvor festgelegten Betrag übersteigt. Schließlich ist auch eine Vergütung des Genussrechtskapitals möglich, die prozentual abhängig ist vom Unternehmensgewinn (variable Verzinsung). „Echte" Genussrechte verzinsen sich bei guter Geschäftsentwicklung mit bis zu 25%.

Private Equity

Beteiligungskapital institutioneller Investoren, im Fachjargon Private Equity, bezeichnet gemeinhin eine Kapitalgebergruppe, die nicht nur einfach Unternehmensanteile erwerben will, sondern die bei ihrem Einstieg größere Anteilspakete (oft die Mehrheit am Unternehmen) kauft, um erhebliche Mitsprache- und Kontrollrechte zu erlangen. Dies soll ermöglichen, kurz- bis mittelfristig den Gewinn signifikant zu erhöhen und die Grundlage zu schaffen, hohe Ausschüttungen auf die Kapitalbeteiligung vorzunehmen.

Im Falle der Mehrheitsübernahme oder bei maßgeblicher Minderheitsbeteiligung ist Private Equity kein Kapital, das eine Unternehmensführung aufnimmt, um in ihrem Sinne mit stärkerer Finanzbasis weiterarbeiten zu können. Dies ist nur bei kleinvolumigem (unechtem) Private Equity der Fall, das dann häufig als Nachrangdarlehen oder stille Gesellschaft konzipiert ist. Private Equity im traditionellen, anglo-amerikanisch geprägten Stil setzt die bisherige Geschäfts- und Finanzierungsstrategie nicht fort, sondern bedeutet eher ein Herauskaufen der bisherigen Anteilseigner, möglicherweise auch auf deren Betreiben hin.

Mit Private Equity sind nachhaltige Änderungen im Unternehmen verbunden und oft die Übernahme von (hohen) Schulden, um den Kauf durch Private-Equity-Investoren (teilweise) zu finanzieren. Private Equity verfolgt die Strategie, durch Restrukturierung des Unternehmens und durch eine Neuausrichtung in einem möglichst kurzen Zeitraum (wenige Jahre) die Differenz zwischen Kauf- und späteren Verkaufspreisen zu maximieren.

Somit eignet sich Private Equity zur Finanzierung von Strategiewechseln bei gleichzeitigem Ausscheiden der bisherigen Anteilseigner oder als Ersatz für eine interne Unternehmensnachfolge oder als Alternative zum anderweitig unweigerlichen Konkurs – meist jedoch nur bei größeren mittelständischen Unternehmen. Private-Equity-Investoren setzen üblicherweise voraus, dass im Zielunternehmen entweder ein starker Kapitalfluss vorhanden oder ein solcher bald wieder zu erwarten ist. Positiv kann für Unternehmen sein, dass sie durch den Rückhalt des Private-Equity-Financiers überhaupt erst wieder Zugang zu den Kapitalmärkten erhalten.

Die Financiers von kleinvolumigem, kreditorientiertem (unechtem) Private Equity besitzen hingegen andere Motive. Hier treten die Kapitalgeber eher als Darlehensgeber auf, wenngleich sie sich ebenfalls nicht selten umfangreiche Kontroll- und Mitspracherechte einräumen lassen, zunächst einmal aber nicht Miteigentümer im strengen Sinne werden. Die investierten Mittel sind hier erheblich geringer als beim traditionellen Private Equity, das Verhältnis zur Bilanzsumme liegt meist unter 25 %. Auch hier wollen die Kapitalgeber nach einem Zeitraum von drei bis fünf Jahren ihr Kapital wieder aus dem Unternehmen abziehen.

Investmentmotiv von traditionellem Private Equity ist, dass die Geldgeber das Risiko und die Perspektiven eines Unternehmens besser einschätzen können als andere Kapitalgeber und demzufolge auch risikoangemessen bepreisen. Hinzu kommt häufig ihre unternehmerische Expertise, die sie in die (neue) Geschäftsstrategie des Zielunternehmens einbringen.

Die Renditekomponenten bei kleinvolumigem und kreditorientiertem Private Equity sind (und/oder):

- eine feste laufende (Basis-)Verzinsung,
- eine erfolgsabhängige laufende Verzinsung,
- eine feste Abschlusszahlung (sowie eventuell eine Vergütung zum Rückzahlungszeitpunkt in Abhängigkeit von der Unternehmensentwicklung).

Diese Finanzierungen sind dadurch gekennzeichnet, dass sie durch ihre rechtliche Gestaltung in der Rangfolge der Gläubiger gegenüber vorrangigen Darlehen deutlich „nach hinten rutschen", im Falle der Insolvenz aber noch vor den Eigenkapitalgebern bedient werden.

Kreditorientiertes Private Equity lässt sich sinnvoll einsetzen, wenn das Unternehmen über eine gute Bonität und/oder ausreichende Sicherheiten verfügt; zudem sollten ungenutzte Geschäftspotenziale und ein attraktives Geschäftsmodell vorliegen. Das dem Unternehmen zur Verfügung gestellte Kapital soll zwar riskanter investiert werden als mit Krediten möglich – dafür aber soll es zeitnah einnahmewirksam sein, d.h. zügig zu einem Anstieg des margenstarken Geschäfts führen. Beispielsweise lässt sich so zwar eine neue Produktionsstraße für eine innovative Recyclingtechnik mit Private Equity finanzieren, nicht aber der Bau eines neuen Firmengebäudes.

Venture Capital

Der Einsatz von Venture Capital ist sinnvoll bei lukrativen Geschäftsvorhaben mit gleichzeitig höchst unsicherem Ausgang. Venture Capital muss eine Geschäftsidee vorantreiben, es eignet sich daher nicht zur Bilanz-, sondern nur zur Entwicklungsfinanzierung – und hier nicht zum Einsatz in tradierten Geschäftsfeldern mit herkömmlichen Methoden, Verfahren und Prozessen. Venture Capital will Neuland betreten, um dort so genannte (unbegrenzte) Pioniergewinne einfahren zu können. So versehen hier die Financiers ihr Engagement meist mit der Auflage, gewährte Mittel strikt im Sinne des vorgelegten Geschäftsplanes zu verwenden, beispielsweise für zielgerichtete Forschungs- und Entwicklungsarbeit. Damit kommt den Geschäftsunterlagen und der Unternehmenspräsentation (und deren Plausibilität sowie Überzeugungskraft) bei dieser Finanzierungsart entscheidende Bedeutung zu.

Die Finanzierungsquelle ist in ihrer Ergiebigkeit stark abhängig von der gesamtwirtschaftlichen Situation und den konjunkturellen Erwartungen. In wirtschaftlichen Hochphasen steht Venture Capital nahezu im Überfluss zur Verfügung, in rezessiven Phasen ist diese Kapitalquelle praktisch ausgetrocknet. In der Mittelstandsfinanzierung konzentriert sich Venture Capital auf Firmengründungen oder risikoreiche Expansionsphasen – und auch nur, wenn innovative Wege beschritten werden, hohe Gewinnmöglichkeiten bestehen und die Gründer/Geschäftsführer ausreichendes Können auf diesem Gebiet vorweisen können.

Der Unternehmer muss zudem bereit sein, einen erheblichen Teil der Stimmrechte und des Gewinns abzugeben. Dieses Kapitalmarktsegment ist in Deutschland klein, Finanzierungen sind i.d.R. sehr stark individualisiert. Eine Inanspruchnahme dieser Finanzierungsquelle ist sinnvoll, wenn keine andere Möglichkeit besteht. Venture-Capital-Geber stellen Mittel in Höhe von 500.000 EUR bis sogar zweistellige Millionenbeträge zur Verfügung. Die Laufzeiten liegen meist zwischen zwei und fünf Jahren.

10.4 Typische Mezzaninkapitalgeber

Direktinvestoren (Versicherungen, spezialisierte Fonds, Vermögensverwaltungen oder vermögende Privatleute) bevorzugen nicht selten die atypische stille Gesellschaft, um mittels direkter Kontrolle und Mitsprache die Rendite ihres Investment zu maximieren. Private Anleger (nicht selten Unternehmer) und kleinere Vermögensverwalter bevorzugen die typische stille Beteiligung, um zwar die erhöhte Rendite einzustreichen, nicht aber eine zusätzliche operative Mitwirkungsarbeit leisten zu müssen. Im Gegenzug verlangen diese Investoren eine verlässliche Beurteilungsgrundlage in Form einer aussagekräftigen Unternehmensdokumentation. Genussrechte (mittelständischer Emittenten) finden sich häufig in den Portfolien spezialisierter Fonds und von Versicherungen, aber auch bei Banken und Privatinvestoren.

Typische Financiers von Private Equity sind einer Anlegergruppe zuzurechnen, die im Finanzierungsprozess der vergangenen Jahrzehnte (zumindest im deutschsprachigen Raum) eher eine untergeordnete Rolle gespielt hat, nun aber vor dem Hintergrund eines weltweit wachsenden Anlagebedarfes verstärkt an den Finanzmarkt drängt: institutionalisierte Geldsammelstellen für Spekulativkapital meist angelsächsischer Prägung und spezialisierte Investmentgesellschaften. Letztere gewinnen zunehmend an Bedeutung.

Bei kleinvolumigem, kreditorientiertem Private Equity sind es Geschäftsbanken (auch mit entsprechenden Tochtergesellschaften) oder (oft staatliche) Beteiligungsgesellschaften, die neben die eigentlichen Private-Equity-Gesellschaften treten. Venture Capital verlangt in erster Linie nach einer wachstums- und gewinnträchtigen unternehmerischen Idee, gekleidet in ein realisierbares Konzept. In diesen Fällen passen sich die Venture-Capital-Financiers meist den Finanzierungserfordernissen des individuellen Falles an. Entsprechende Kapitalgeber finden sich bei spezialisierten Fonds, Vermögensverwaltungen und vermögenden Privatleuten.

10.5 Für und Wider von Mezzaninkapital

Mezzanine Finanzierungsinstrumente finden i.d.R. Verwendung bei erhöhtem Risiko, wenn die klassischen Darlehensgeber als Financiers ausfallen und wenn wegen eines Verlustes an Eigentums-, Stimm- und Kontrollrechten klassische Eigenkapitalgeber nicht in Frage kommen. Mezzaninkapital verfügt dann über ein breites Spektrum an Einsatzmöglichkeiten – von der Wachstumsfinanzierung über Akquisitionen bis hin zum Buyout. Kreditorientiertes mezzanines Kapital verlangt nach einer relativen Ausgewogenheit der Bilanzstruktur und einer Begrenzung der Unternehmensverschuldung; großvolumiges Private Equity bedeutet meist eine Unternehmensübernahme und in jedem Falle einen deutlichen Wechsel in der Geschäftsstrategie.

Mezzaninkapital besitzt keine unbegrenzte Laufzeit, sondern muss nach Ablauf der vertraglich vereinbarten Frist getilgt oder durch andere Kapitalgeber abgelöst werden (großvolumiges Private Equity definiert so genannte Ausstiegszeitpunkte). Die Rückzahlungsmodalitäten sind allerdings bei dieser Kapitalart vielfältig. In jedem Falle sollten sich kapitalsuchende Unternehmen vor der Aufnahme von mezzaninen Mitteln überlegen, wie sie diesen Betrag am Ende der Laufzeit wieder zurückführen wollen beziehungsweise können.

Nichtsdestotrotz kann Mezzaninkapital für den Mittelstand – ungeachtet des gegenüber anderen Kapitalarten erhöhten Strukturierungsaufwands und der meist hohen Kosten – eine individualisierte, passgenaue Finanzierungsform bedeuten. Der Zuschnitt differiert stark nach Unternehmensgröße, nach Risikoprofil, nach Ertragskraft und Schuldendienst- bzw. Zahlungsfähigkeit sowie nach der Branche des Unternehmens (Produktion, Dienstleistung, Handel).

10.6 Auf den Punkt: Sinnvoller Einsatz von Mezzaninkapital

Die teils recht aufwendigen Prüfprozesse machen nicht jedes mezzanine Instrument für ein mittelständisches Unternehmen sinnvoll einsetzbar. Der Einsatz dieser Finanzinstrumente lohnt sich erst, wenn die erhöhten Prüfungs- und Anbahnungskosten, v.a. aber die vergleichsweise hohen Kapitalkosten (Zinsen, Gewinnbeteiligungen) auf der einen Seite überkompensiert werden von den durch das neue Kapital zusätzlich erwirtschafteten Erträgen auf der anderen Seite.

Mezzanin finanzierte Investitionen und Ausgaben müssen also eine recht hohe Umsatzmarge aufweisen. Eine Reihe von Unternehmen kann daher einige dieser Instrumente nicht nutzen; ihnen bleibt in solchen Fällen die traditionelle Fremdfinanzierung oder die Eigenkapitalfinanzierung durch die Hereinnahme neuer Gesellschafter. In Deutschland nehmen mezzanine Finanzierungsangebote zu: sowohl von spezialisierten Investmentgesellschaften als auch von Banken. Hinsichtlich letzterer sind die Instrumente i.d.R. kreditorientiert und erfordern eine vergleichsweise gute Bonität.

- Ersatz für fehlendes Eigenkapital und Fremdkapital;
- Einsatzmöglichkeiten bei starkem Individualisierungserfordernis der Finanzierung;
- Vorteile bei hohen Geschäftsrisiken und gleichzeitig großen Ertragschancen;
- hoher Vorbereitungs- und Strukturierungsaufwand;
- Mindestbonität in vielen Fällen erforderlich;
- Sicherheiten nicht bei allen Instrumenten/Finanzierungen erforderlich;
- vergleichsweise hohe Kosten.

11 Bilanzentlastung und Inanspruchnahme staatlicher Hilfe

Staatliche Unternehmensförderung und kapitalfreisetzende Instrumente ergänzen in vielen Fällen die traditionellen Kapitalarten. Die Kombination von Fördermitteln mit privatwirtschaftlichen Finanzierungskomponenten erhöht i.d.R. die Bonität eines Unternehmens und senkt dadurch die Kapitalkosten. Kapitalfreisetzende Maßnahmen verbessern die Liquiditätsposition.

11.1 Einsatz bilanzentlastender Instrumente und staatlicher Förderung

Bilanzentlastende Instrumente dienen in erster Linie der Verbesserung der Liquiditätssituation und der Rückführung der kurzfristigen Verschuldung, sie dienen zur Bilanzfinanzierung und zur Verbesserung der Bonität, sie eignen sich weniger für expansive Geschäftsstrategien. Dies gilt umso mehr, als es mit den entsprechenden Instrumenten i.d.R. zu einer Verringerung des Nettoumlaufvermögens kommt (Factoring, Forfaitierung, Akkreditiv) oder zu einem Aufbau langfristiger Verpflichtungen (Leasing).

Der Aktivtausch in der Bilanz zu Gunsten von Zahlungsmitteln führt ebenso zu einer Verbesserung des Ratings wie eine Verringerung kurzfristiger Verbindlichkeiten. Die Verteilung von Investitionsausgaben mittels des Aufbaus von (längerfristigen) Verbindlichkeiten schont die Liquidität. Staatliche Förderung stärkt entweder die Eigenkapitalbasis oder senkt die Finanzierungskosten und lässt sich für Entwicklungsstrategien bei Gründungen oder für Expansionen einsetzen. Zudem haben Fördermittel eine positive Signalwirkung auf weitere Kapitalgeber.

Staatliche Unterstützung erfolgt meist vor dem Hintergrund regionaler Wirtschaftsförderung oder zum Zwecke der Innovations- und Technologieförderung. Begünstigte Unternehmen müssen entsprechend formulierte Tatbestände erfüllen beziehungsweise bestimmte Konstellationen aufweisen. Nicht alle Unternehmen können daher gleichermaßen vom staatlichen Angebot profitieren. Auch wenn staatliche Hilfe meist als Kredit gewährt wird, so hilft sie den Unternehmen dennoch, denn diese Gelder müssen i.d.R. nicht risikoangemessen verzinst werden.

Ähnliches gilt für öffentliche Beteiligungsfinanzierungen mit Förderungshintergrund sowie für staatliche Zuschüsse und Zulagen. Spezielle öffentliche zinsgünstige Kredite und öffentliche Bürgschaften stärken darüber hinaus die Bonität und haben damit einen ähnlichen Effekt wie Eigenkapital. Steuervergünstigungen senken die Steuerlast oder gewähren auch direkte Zahlungen. So steht dem Unternehmen mehr Eigenkapital zur Verfügung.

11.2 Bilanzentlastung

Factoring

Das Factoring (englisch, *to factor* = auf Kommission verkaufen) ist im wirtschaftlichen Sinne für Unternehmen ein Verkauf von Forderungen. Das Unternehmen überträgt ein Portfolio mit Zahlungsansprüchen gegen Dritte an eine andere Partei, den so genannten Factor-Geber (die Factoring-Gesellschaft), und erhält dafür eine Geldzahlung. Hierbei versucht der Factor-Geber durch den Aufbau besonderer Erfahrung, sich gegenüber dem Factor-Nehmer (dem Unternehmen) einen kostensparenden Wissensvorsprung zu erwerben.

Letztlich ist das Factoring eine Weiterentwicklung der klassischen Forfaitierung. Beim echten Factoring findet die Forderungsübertragung im Wege einer Abtretung statt: der Factor-Geber übernimmt das Ausfallrisiko des Schuldners. Beim unechten Factoring wird dem Factor-Geber die Forderung nur erfüllungshalber übertragen: das Risiko des Zahlungsausfalles liegt weiterhin beim Factor-Nehmer.

Die durch effizienteres Wirtschaften und die Fähigkeit zur besseren Beurteilung von Ausfallrisiken des Factor-Gebers eingesparten Beträge werden z.T. an den Factor-Nehmer weitergegeben, so dass beide Vertragspartner profitieren. Doch trotz allen Wissens- und Erfahrungsvorsprungs muss auch der Factor-Geber scharf kalkulieren, und so ist an das Factoring eine Reihe von Kriterien geknüpft. Beispielsweise kommen für das Factoring nur Unternehmen mit guter Bonität in Frage, eventuell wird ein externes Rating erforderlich. Damit soll vermieden werden, dass Kunden in Krisensituation jede Forderung verkaufen, auch solche mit zweifelhaftem Wert. Meist übernimmt das Unternehmen selbst weiterhin das Debitorenmanagement (also die Verwaltung und Einziehung der Forderungen); dies erfordert eine Mindestbonität, damit eingehende Gelder aus der Begleichung von Rechnungen (und die dem Factor-Geber zustehen) nicht wegen akuten Liquiditätsbedarfes ins Unternehmensvermögen umgeleitet werden.

Das so genannte Full-Service-Factoring kann bereits ab Volumina von 750.000 EUR wirtschaftlich sinnvoll sein. Zu diesem Dienstleistungspaket gehören beim echten Factoring der Ankauf der Forderungen vom Unternehmen (Finanzierung), die Übernahme des Ausfallrisikos (Versicherung) sowie die Betreuung und Abwicklung des Forderungsbestands einschließlich Mahnwesen (Debitorenmanagement). Diese Dienstleistungen können auch jeweils einzeln in Anspruch genommen werden. Übernimmt das Unternehmen selbst das Debitorenmanagement, spricht man von so genanntem Inhouse-Factoring. In jedem Falle ist ein umfassender Datentransfer vom Forderungsverkäufer an den Factor-Geber für den Vertragsabschluss Voraussetzung. Dabei kommt es zur Einzelprüfung der Debitoren mit Festlegung der jeweils anzusetzenden Auszahlungsquoten.

Im Rahmen des Factorings werden Forderungsvolumina von insgesamt 250.000 EUR bis zu 50 Mio. EUR angekauft. Dabei kommt es an auf:

- ausreichende Diversifizierung des Forderungsportfolios;
- Begrenzung des Anteils einzelner Forderungen, um Klumpenrisiken zu vermeiden;
- Mindesthöhe der einzelnen Forderung (über 10.000 EUR);
- Forderungslaufzeit, die innerhalb der Mindest- und Höchstlaufzeiten liegen sollte;
- Forderungen gegenüber Kunden aus unbedenklichen, einredefreien Branchen (z.B. nicht die Baubranche);
- Factor-Nehmer mit Mindestbonität;
- umfassende Forderungsdokumentation;
- technische Voraussetzungen zur Abwicklung.

Wichtiger Vertragsgegenstand ist die Vereinbarung der Auszahlungsquote auf die angedienten Forderungen (entscheidend für den Liquiditätszufluss). Zudem spielen Kostengesichtspunkte eine Rolle, weil die prozentualen Gebühren i.d.R. auf Basis des nominalen Forderungsvolumens kalkuliert werden und nicht nach dem Auszahlungsvolumen. Eine hundertprozentige Finanzierungsquote ist unüblich. Meist liegt der zunächst ausgezahlte Anteil bei 60 bis 90%, obgleich die gesamte Forderung an die Factoring-Gesellschaft übergeht. Der restliche Betrag wird an das Unternehmen überwiesen, sobald der Schuldner die Forderung tatsächlich beglichen hat.

Der Vorteil des (echten) Factoring liegt in der Ausschaltung des Ausfallrisikos von Forderungen, in der kurzfristigen Schaffung von Liquidität und in der entsprechenden Verbesserung der Bilanzstruktur. Factoring kann darüber hinaus Effizienzgewinne im Forderungsmanagement ermöglichen. Der Nachteil von Factoring liegt in seinen z.T. hohen Kosten, so dass es bei vergleichbaren Risiken i.d.R. die teuerste Finanzierungsart ist und eine oft intransparente Konditionsgestaltung aufweist. Hinzu kommt die niedrige Auszahlungsquote bei Forderungen mit schwacher Bonität.

Leasing

Das Leasing (englisch, *to lease* = mieten, vermieten) ist ein Mietkauf von Vermögensgegenständen. Ein Leasing-Geber (die Leasing-Gesellschaft) kauft einen Vermögensgegenstand, um diesen einem Unternehmen, dem Leasing-Nehmer, gegen Zahlung von vereinbarten Raten zur Nutzung zu überlassen. Beim Leasing versucht der Leasing-Geber dadurch einen Gewinn zu erzielen, dass seine Beschaffungs- und/oder Refinanzierungskosten günstiger sind als diejenigen des Leasing-Nehmers.

Hier profitiert der Leasing-Geber, wenn der Leasing-Nehmer zur Schonung seines Liquiditätsspielraums Mietraten zahlt, die höher sind als der Wertverlust und die Finanzierungskosten des Wirtschaftsgutes. Dies ist der Fall, wenn der Leasing-Geber bei bestimmten Wirtschaftsgütern eine solche Einkaufsmacht hat, dass der Hersteller dieser Güter dem Leasing-Geber einen Preisnachlass gewährt, den diese Güter nutzende Unternehmen selbst nicht erhalten würden; oder der Leasing-Geber erhält deutlich günstigere Refinanzierungskonditionen als der Leasing-Nehmer. Leasing lohnt sich also für ein Unternehmen z.B., wenn eine bestimmte Maschine (über die Laufzeit) nur zu höheren Kosten eingesetzt werden kann oder die Finanzierung dieses Kaufs nicht darstellbar ist beziehungsweise den Liquiditäts-/Finanzierungsspielraum unzumutbar einschränken würde.

Leasing-Gesellschaften überlassen Vermögensgegenstände zur Nutzung an Unternehmen und erhalten dafür bestimmte Leasing-Raten. Dabei sind zusätzliche Zahlungen zu Beginn und zum Ende der Vertragslaufzeit möglich. Möglich sind auch zwischenzeitliche Zahlungen, sofern vertraglich vereinbart und an den Eintritt gewisser Ereignisse geknüpft (z.B. eine ungünstige Geschäftsentwicklung des Leasing-Nehmers mit Bonitätsverlust des Leasing-Nehmers oder ein gravierender Marktpreiseinbruch des geleasten Objektes mit entsprechendem Wertverlust). Voraussetzung zum Leasing ist die ausreichende Bonität des Leasing-Nehmers und ein marktgängiges Wirtschaftsgut mit maßvollem Wertverlust; allerdings wird mittlerweile eine ganze Reihe an Spezial-Leasing angeboten, womit sich auch exotische Produkte mieten lassen.

Leasing-Finanzierungen sind nicht zuletzt zur Entlastung der Unternehmensbilanz konzipiert, da die jeweiligen Aktiva nicht angeschafft, sondern nur gemietet werden. Gleichwohl können diesbezüglich negative Effekte nicht vermieden werden. So sieht eine Reihe von Financiers und Investoren die Leasing-Verbindlichkeiten über die Laufzeit wegen der vertraglichen Bindung als Fremdkapital (Verschuldung) an. Damit verlieren Leasing-finanzierte Transaktionen einen Teil ihrer Attraktivität. Leasing beeinflusst aufgrund der Mietzahlungen ebenso das laufende Geschäft. Bei guter Bonität des Unternehmens kann Leasing auch teurer sein als die Finanzierung über die Bank oder den Kapitalmarkt.

Attraktiv ist das Leasing von Wirtschaftsgütern v.a., wenn die Finanzierung über die Leasing-Gesellschaft deutlich günstigere Einkaufskonditionen ermöglicht. Der Vorteil von Leasing liegt also in der Möglichkeit, hohe Finanzierungsbeträge und lange Laufzeiten in Anspruch zu nehmen; dabei ist selten ein eigener signifikanter Kapitaleinsatz erforderlich – Leasing erhält den Liquiditätsspielraum. Der Nachteil von Leasing liegt darin, dass es von dritten Kapitalgebern häufig als Verbindlichkeit bewertet wird und teils hohe Leasing-Raten (in Relation zum Marktpreis des gemieteten Wirtschaftsguts) zu zahlen sind.

11.3 Subventionen

Die am häufigsten genutzten staatlichen Finanzierungsinstrumente sind Förderkredite (Zinsvergünstigung oder Risikoübernahme durch die öffentliche Hand) der staatlichen Kreditanstalt für Wiederaufbau (KfW). Mit Abstand folgen Zulagen, Zuschüsse sowie Förderkredite und Bürgschaften der Länder. Zudem fördert die Europäische Union Unternehmen im Rahmen mehrerer Programme, vornehmlich im Bereich der Regionalentwicklung und der Umwelttechnologie.

Die Volumina staatlicher Förderung sind abhängig von der Unternehmensgröße sowie vom Gegenstand und Zweck der Förderung. Beträge oberhalb 1 Mio. EUR sind selten (auch bei Bürgschaften). Die Verzinsung – sofern rückzahlbar und verzinslich – liegt unterhalb vergleichbarer Marktsätze; die jeweiligen Konditionen bestimmen sich nach der jeweiligen Unternehmensbonität. Zur Gewähr staatlicher Hilfe müssen die entsprechenden Förderkriterien erfüllt sein. Krisenhafte wirtschaftliche Verhältnisse dürfen i.d.R. nicht vorliegen (Mindestbonität). Zudem erfordert die Auszahlung eine umfassende Darstellung der Geschäftstätigkeit und der geplanten Entwicklung sowie der Erfolgsaussicht der Unternehmensstrategie. Die Bearbeitungszeit von Fördermitteln beträgt je nach Instrument einschließlich Prüfung und Auszahlung zwischen drei Monate und einem Jahr.

Vor Inanspruchnahme der Fördermittel sollten nicht nur Rechte und Ansprüche seitens des Unternehmens geprüft werden, sondern auch, welche Auflagen damit im Hinblick auf die Mittelverwendung und weitere Finanzierungsrunden verbunden sind und mit welchen Konsequenzen bei einer Verletzung zu rechnen ist. Zudem sollten Steuervergünstigungen auf ihre Dauerhaftigkeit und Verlässlichkeit geprüft und nur für einen überschaubaren Zeitraum für die Unternehmensfinanzierung genutzt werden.

Einen guten, jeweils aktuellen Überblick zu Fördermitteln und Steuervergünstigungen für mittelständische Unternehmen und Unternehmensgründer bieten die entsprechenden Informationsangebote sowohl der KfW, die eine sich praktisch ständig verändernde Palette von Kredit- und Fördermaßnahmen speziell auch für die mittelständische Wirtschaft bereithält, als auch die Förderbanken/Fördereinrichtungen der Länder als auch die Industrie- und Handelskammern (IHK).

Neben bundesweiten und auch europäischen Programmen existieren darüber hinaus oft landesspezifische Förderprogramme, die – hat das zu fördernde Unternehmen seinen Sitz in dem jeweils fördernden Bundesland – ergänzend oder ersetzend in Anspruch genommen werden können. Entsprechende Antragsprozesse können aber mitunter langwierig sein und bedürfen bis zur Auszahlung teils einer erheblichen Vorlaufzeit; Unternehmen sollten daher – wird mit Fördermitteln geplant – diese Prozesse frühzeitig anstoßen.

Der Vorteil staatlicher Förderung liegt für das jeweilige Unternehmen in mehreren Punkten:

- Nutzung einer vergleichsweise günstigsten Finanzierung;
- langfristige Ausrichtung (wegen der in der Folge verbesserten Kapitalstruktur);
- Reduzierung der Finanzierungskosten und höhere Kreditwürdigkeit (Bonität).

Dem stehen an Nachteilen gegenüber:

- teils aufwendige Procedere;
- nicht immer unerhebliche Auflagen zur Mittelverwendung, die mit dem Kapitaltransfer oder der Bürgschaft verbunden sind;
- fehlende Einsetzbarkeit zur Krisenfinanzierung (Mindestbonität).

11.4 Bürgschaften und Garantien

Die so genannten Bürgschaftsbanken in den einzelnen Bundesländern geben **Bürgschaften** für Kredite bei nicht ausreichenden Sicherheiten oder Ausfallgarantien für Beteiligungen zur leichteren Eigenkapitalbeschaffung. Diese Institutionen dienen der Förderung des Mittelstandes und werden getragen von den Handwerkskammern, den Industrie- und Handelskammern, den Kammern der Freien Berufe, von Wirtschaftsverbänden und Innungen, Banken und Sparkassen sowie von Versicherungsunternehmen.

Gefördert werden kleine und mittlere Unternehmen aus dem Verarbeitenden Gewerbe und dem Dienstleistungssektor, also z.B. Industriebetriebe, Groß- und Einzelhandel, Verkehrswirtschaft, Hotel- und Gaststättengewerbe oder auch Garten- und Landschaftsbau und Freie Berufe. Bürgschaftsbanken geben gegenüber Kreditinstituten Bürgschaften für Existenzgründer und Unternehmen ab, sofern deren zu finanzierende Vorhaben wirtschaftlich sinnvoll und ausreichend erfolgversprechend sind. Nicht verbürgt werden Sanierungskredite oder Kredite zur Umschuldung von Bankkrediten (Ausnahme: Refinanzierungen wegen kürzlicher Investitionen).

Gefördert werden (Existenz-)Gründungen, Geschäftsübernahmen, Anteilsübernahmen von bestehenden Firmen, Gesellschafterauszahlungen, Vorratsfinanzierungen, Betriebserweiterungen und -verlagerungen, Investitionen in Bauten und Maschinen (Investitions- und Wachstumsfinanzierungen); zudem werden Bürgschaften für Anzahlungen, Vertragserfüllungen und Gewährleistungen gestellt. Voraussetzung für die Gewährung von Bürgschaften sind „geordnete finanzielle Verhältnisse" in Unternehmen, deren ausreichend qualifizierte fachliche und kaufmännische Leitung (Geschäftsführung) und die Aussicht auf eine dauerhaft stabile Ertragslage.

Die Bürgschaftsbanken haften gegenüber Banken i.d.R. für 80% der ausgelegten Kreditsumme (kurze, mittlere und lange Laufzeiten) bei Investitionsfinanzierungen und bis zu 60% (Ausnahme: Sonderprogramme) bei Betriebsmittelfinanzierungen (einschließlich Kontokorrentkredite und Avalkredite). Die Kreditsumme darf jedoch maximal 1,5 Mio. EUR betragen. Für darüber hinausgehende Beträge sind direkte Landesbürgschaften möglich. Die Stellung eines Bürgschaftsantrags erfolgt i.d.R. über die Hausbank, gegebenenfalls auch über eine Bausparkasse, Versicherung oder Leasing-Gesellschaft. Bei kleineren Kreditbeträgen besteht meist auch die Möglichkeit einer Bürgschaft ohne Bank, bei denen sich ein Unternehmen direkt an die Bürgschaftsbank wendet und – im positiven Falle – erst danach die kreditgebende Bank sucht.

Die Bürgschaftsbanken unterstützen kleine und mittlere Betriebe, denen der Zugang zum Kapitalmarkt verwehrt ist, auch bei der Aufnahme von Beteiligungskapital durch entsprechende **Garantien**; dies gilt gleichermaßen für stille Beteiligungen. Dafür werden gegenüber Kapitalbeteiligungsgesellschaften Ausfallgarantien für deren Unternehmensbeteiligungen übernommen. Solche Garantien werden entweder Kapitalbeteiligungsgesellschaften gewährt, die für kleine und mittlere Unternehmen stille Beteiligungen anbieten, oder kleinen und mittelgroßen Unternehmen, die einen bestimmten Eigenkapitalgeber in Aussicht haben, der jedoch nicht das volle Risiko übernehmen will.

Unterstützt werden in diesem Zusammenhang Unternehmenskooperationen, Innovationen, Produktentwicklungen (sowie deren Vorbereitungen zur Marktreife beziehungsweise deren Markteinführung), sodann die Errichtung, Erweiterung, Rationalisierung oder Reorganisation von Unternehmen, schließlich Existenzgründungen und Unternehmensnachfolgelösungen. Eine Garantie wird i.d.R. bis zu 75% der Beteiligungssumme abgegeben und bis zu einem Eigenkapitalbetrag von bis zu 1 Mio. EUR; die Laufzeit der Garantie beträgt bis zu zehn Jahre.

Das Risiko trägt also in jedem Falle zum Großteil zunächst die Bürgschaftsbank (im Schadensfall wird auch die Beteiligung des Unternehmers an der Haftung eingefordert). Aus diesem Grund verlangen Bürgschaftsbanken aktuelle und umfassende Informationen. Je besser und aussagefähiger also die Unterlagen sind, desto schneller wird eine Entscheidung getroffen und desto größer ist die Erfolgswahrscheinlichkeit. Bürgschaftsbanken müssen von der Tragfähigkeit der Geschäftsidee überzeugt sein. Ausführliche Informationen zu Bürgschaften und Garantien sind zu erhalten vom Verband Deutscher Bürgschaftsbanken e.V.

11.5 Auf den Punkt: Bilanzentlastung und Förderung

Leasing und Factoring können, sobald sich angespannte Liquiditätssituationen abzeichnen oder die Investitionssumme die verfügbaren Mittel übersteigt, durchaus eine Alternative sein. Jedoch sollten die jeweiligen Angebote sorgfältig geprüft werden, mitunter sind die entsprechenden Finanzierungskosten sehr hoch. Staatliche Förderung – seien es Zinssubventionen, Haftungsfreistellungen, Ausfallbürgschaften oder Garantien – stellen in vielen Fällen eine sinnvolle Ergänzung dar zu den üblichen Finanzierungsquellen. Gleichwohl sollten auch hier die mit der Förderung verbundenen Konditionen und Auflagen analysiert und auf Kompatibilität mit der Geschäftsstrategie für die nächsten Jahre geprüft werden.

- Finanzierungsalternativen bei eingeschränktem Zugang zum Finanzmarkt;
- Bilanzentlastung als zusätzliche Liquiditätsquelle;
- Einsatz staatlicher Instrumente bei ansonsten hohen Finanzierungskosten ohne Förderung;
- öffentliche Förderung erlaubt eine deutliche Erweiterung des Finanzierungsspielraums, verlangt aber auch eine gewisse Anpassungsfähigkeit des Unternehmens hinsichtlich der Auflagen.

12 Erfolgreiche Realisierung von Finanzierungsvorhaben

Die Festlegung der Geschäftsstrategie, die Unternehmensanalyse, die Darstellung und die Auswahl der geeigneten Instrumente sind unabdingbare Voraussetzung erfolgreicher Finanzierungen. Doch erst mit der richtigen Ansprache der geeigneten Kapitalgeber und v.a. dem individuell optimierten Vermarktungskonzept lässt sich der Mittelzufluss realisieren.

12.1 Finanzierungsmarketing als Erfolgsfaktor

Die erfolgreiche Realisierung von Finanzierungsvorhaben setzt nicht nur die Optimierung der technischen Komponenten wie Analyse, Rating, Bonität und Kapitaldienstfähigkeit voraus, die erfolgreiche Umsetzung der Kapitalmaßnahme bedeutet aktives Marketing bei Financiers mit der geeigneten Präsentation des Unternehmens nebst kommunikativer Begleitung. Ein mittelständisches Unternehmen hat seine Alleinstellungsmerkmale herausgearbeitet, eine umfassende Unternehmensanalyse durchgeführt und mit den Ergebnissen die Unternehmensstrukturen und -abläufe optimiert, die Finanzzahlen übersichtlich aufbereitet, ein detailliertes Finanzierungsbuch erstellt und schließlich eines oder mehrere Finanzinstrumente ausgewählt. Nunmehr ist der letzte, entscheidende Schritt zur erfolgreichen Unternehmensfinanzierung zu gehen: die richtige Auswahl und richtige Ansprache der geeigneten Kapitalgeber.

Absolute Ausschlusskriterien gibt es bei Finanzierungen nur wenige. Selbst in der Insolvenz sind Investoren zu finden, die Kapital zur Fortführung des Betriebes – auch mit den alten Eigentümern – bereitstellen. Allerdings gibt es ein breites Band an Kriterien, die „mal so, mal so" ausgelegt werden können. In diesen Fällen muss das Unternehmen besonders überzeugen. So ist es z.B. ein unzutreffendes Vorurteil, dass (Fremd-)Kapitalgeber grundsätzlich keine risikobehafteten Engagements (mehr) eingehen wollen. Dies gilt auch für Geschäftsbanken, die sich in ihrer Gesamtheit keineswegs aus der Kreditgewährung an mittelständische Unternehmen zurückgezogen haben.

Dennoch wollen Financiers die vorhandenen Risiken bestimmen und kalkulierbar machen. Der Kreditprüfungsprozess ist deshalb härter, aber nicht aussichtsloser geworden. Wegen (spektakulärer) Kreditausfälle in den vergangenen Jahren und den Bewertungsanforderungen nach Basel II legen die Banken mittlerweile auf eine sorgfältige Kreditprüfung großen Wert. Und auch die Financiers von Eigenkapital nehmen eine exakte Beurteilung des Rendite-Risiko-Profils vor. Gleiches gilt entsprechend für Mezzaninkapital. „Hurra-Optimismus" (Eigenkapital) und das „Grundrecht auf Kredit" (Fremdkapital) vermögen Financiers nicht zu überzeugen.

Unternehmen können die Auslegung der relevanten Prüfkriterien innerhalb bestimmter Grenzen aktiv steuern. Zwar übersteht keine noch so bunte Unternehmensdarstellung eine präzise und objektive Kredit- bzw. Investmentprüfung, wenn sie nicht mit harten Fakten unterlegt ist. Jedoch lassen sich mit analytischer und gewissenhafter Vorbereitung eventuell kritische Punkte entschärfen oder diskussionsbedürftige Aspekte interpretieren und in den Gesamtzusammenhang einordnen. Und positive Aspekte können besonders überzeugend und eindrucksvoll präsentiert werden. Mit einem solchen Marketing lassen sich die Realisierungschancen deutlich erhöhen.

12.2 Präsentationen als Türöffner

Die Präsentation eines Unternehmens, die Präsentation seiner Leistungsfähigkeit, die Präsentation der Finanzen und Perspektiven sind der Dreh- und Angelpunkt von Finanzierungsvorhaben. Qualitativ gute Präsentationen werden zum Türöffner, damit sich Kapitalgeber intensiver mit dem Finanzierungsanliegen beschäftigen. Und so ist die Geschäftsführung (besonders im Mittelstand) trotz Zahlengläubigkeit (vermeintlich eindeutige Zahlen) und trotz der Macht des Faktischen (vermeintlich überzeugende Umstände, Situationen und Verhältnisse) gezwungen, sich mit kommunikativen und verkaufsfördernden Aspekten auseinanderzusetzen. Zwar dominieren Zahlen und Fakten die (finanzielle) Historie eines Unternehmens, doch die Art der Darstellung und v.a. die Möglichkeit zur Verknüpfung mit künftigen Perspektiven bieten zahlreiche Gelegenheiten, den Tenor der Unternehmensdarstellung positiv zu färben.

Für die Verkaufsförderung wichtig sind dabei die Bestimmung der relevanten Informationsinhalte und die Wahl der richtigen Kommunikationsform. Präzise und überzeugend zu sein, bedeutet Zeitgewinn. Ziel ist es, beim Financier Interesse zu wecken – gleich beim ersten Anlauf! Denn aus der Vielzahl der eingehenden Finanzierungswünsche greift sich der Eigenkapitalgeber nur Dossiers zur weiteren Prüfung, die gleich auf den ersten Blick einen vielversprechenden Eindruck machen. Und Fremdkapitalgeber prüfen Unterlagen nur, wenn diese auf den ersten Blick aussagekräftig sind.

Die Präsentation sollte daher alle Informationen umfassen, die ein Financier benötigt, um sich ein umfassendes Bild zum Unternehmen zu machen. In der Form besteht diese Präsentation aus einer Kurzdarstellung mit allen wichtigen Daten und Fakten zum Unternehmen und zum Finanzierungsvorhaben sowie (insbesondere bei persönlicher Präsentation) dem ausführlichen Finanzierungsbuch. Vor Präsentationen, ob per Postweg oder persönlich, kann es sich von Fall zu Fall empfehlen, Vertraulichkeitserklärungen von potenziellen Kapitalgebern einzuholen.

Unternehmen sollten sich nicht die Nachlässigkeit erlauben, dass der potenzielle Kapitalgeber Unstimmigkeiten und Widersprüche in den Unternehmensinformationen von selbst entdeckt, dies ist der falsche Weg. Denn kommt es tatsächlich zu dieser Aufdeckung, sind die Defizite i.d.R. nicht mehr vertrauenwahrend zu reparieren. Zu groß ist dann das Mißtrauen des Kapitalgebers, dass auch noch an anderer Stelle unentdeckte Risiken schlummern.

Wesentliche Bestandteile von Kapitalgeberpräsentationen sind:

- Unternehmensbeschreibung, Geschäftszweck, Alleinstellungsmerkmale und Unternehmensziele;
- Vorstellung der Unternehmensführung, insbesondere seiner bisherigen Leistungen;
- Wettbewerbsfähigkeit;
- Finanzierungsvorhaben;
- Unternehmen in Zahlen;
- Chancen und Risiken;
- Ausblick, künftige Entwicklung des Unternehmens (Perspektiven).

Prognosen und Planungsrechnungen sollten mit Sorgfalt erstellt werden. Denn gerade an den finanziellen und operativen Prognosen messen Financiers die Seriosität, Glaubwürdigkeit und Zuverlässigkeit der Unternehmensfinanzierung und der Geschäftsführung. Dies gilt für die Investitions- und Finanzplanung gleichermaßen. Der Unternehmer sollte lediglich Szenarien für die Zukunft kommunizieren, wenn diese Szenarien mit ausreichender Wahrscheinlichkeit realisiert werden können.

Ziele in Aussicht stellen, nur um Euphorie bei Financiers zu erzeugen, ist fast immer der falsche Weg. Geschäftsstrategien auf Hoffnungen zu gründen statt auf Analysen und belastbare, plausible Prognosen, ruft bei Financiers eher Mißtrauen als Begeisterung hervor. Mit fundierten Analysen und belegbaren Projektionen allerdings lassen sich Eintrittswahrscheinlichkeiten von Unternehmensszenarien glaubhafter machen und den Kapitalgebern besser verkaufen. All dies schafft die nötige Attraktivität am Finanzmarkt.

Abbildung 7: Realisierung von Finanzierungsvorhaben im Zusammenspiel der Einzeldisziplinen

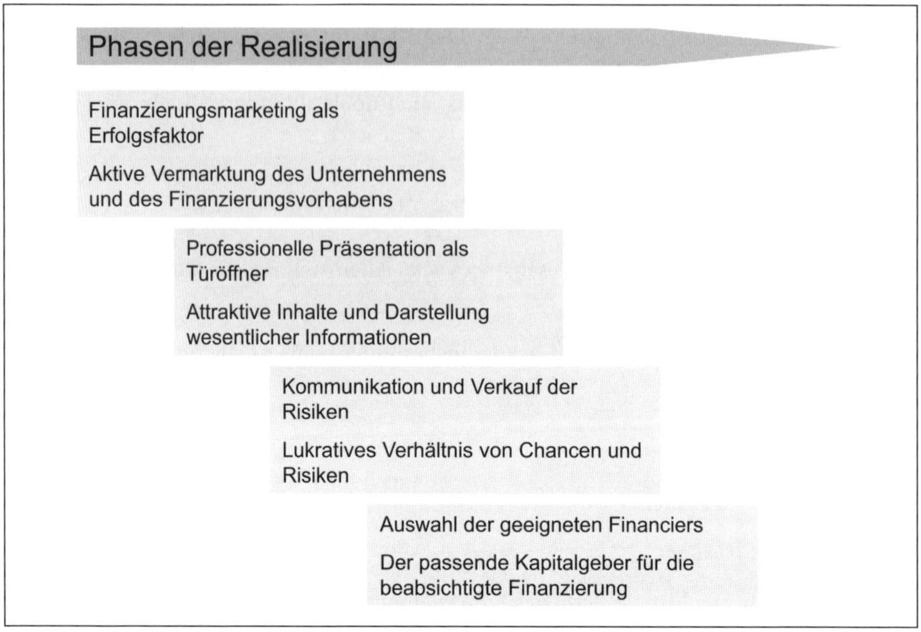

Phasen der Realisierung

Finanzierungsmarketing als Erfolgsfaktor
Aktive Vermarktung des Unternehmens und des Finanzierungsvorhabens

Professionelle Präsentation als Türöffner
Attraktive Inhalte und Darstellung wesentlicher Informationen

Kommunikation und Verkauf der Risiken
Lukratives Verhältnis von Chancen und Risiken

Auswahl der geeigneten Financiers
Der passende Kapitalgeber für die beabsichtigte Finanzierung

Quelle: Capmarcon

12.3 Kommunikation und Verkauf von Risiken

Keine Unternehmenspräsentation darf auf eine Beschreibung der Unternehmensrisiken und entsprechender Gegenmaßnahmen verzichten. Dieser Nachweis ist ebenso wichtig wie die Präsentation der Stärken. Erforderlich sind die umfassende und ausführliche Schilderung der möglichen Unwägbarkeiten und der denkbaren ungünstigen (Markt-)Entwicklungen sowie die Fähigkeit des Unternehmens, darauf unverzüglich und angemessen reagieren zu können. In diesem Zusammenhang stellt sich die Frage nach den Planungs- und Kontrollsystemen im Unternehmen und nach der Art und Weise der Erfassung des operativen und finanzwirtschaftlichen Bereiches. Positiv in der Bewertung wirkt sich dabei die Existenz eines Risikofrüherkennungssystems aus mit der Erfassung und der Auswertung aller relevanten Daten und Vorgänge.

Zu diesem Zweck werden die Faktoren aufgezeigt, welche die Unternehmensentwicklung maßgeblich beeinflussen und welches Krisenpotenzial sie mit Blick auf das operative Geschäft und die Unternehmensfinanzierung besitzen. Im Anschluss werden die Vorsichts- und Abwehrmaßnahmen geschildert, welche das Unternehmen ergriffen hat, um den aufgezeigten Eventualitäten vorzubeugen.

Wesentliche Elemente der Risikodarstellung (inklusive der Gegenmaßnahmen) sind:

- Ermittlung der vorhandenen Risiken (Identifikation von Risiken);
- Darstellung des Risikomanagements, d.h. die analytische Erfassung und Auswertung der relevanten Größen;
- Quantifizierung des Risikopotenzials;
- Krisenszenarien und Alternativkonzepte sowie Strategien zur Risikobegrenzung;
- Beweis des geschärften Bewußtseins für den Umgang mit Risiken.

So bestehen z.B. Risiken hinsichtlich der Markt- und Wettbewerbsposition eines Unternehmens. Hinweise auf die Güte und Vollständigkeit der diesbezüglichen unternehmensinternen Marktkontrollsysteme liefern externe Analysen und Beurteilungen. Aufschluss können auch Umsatzerwartungen von Branchenverbänden oder von unabhängigen Analysehäusern in bestimmten Marktsegmenten geben. Aber auch Einschätzungen zur relevanten Wettbewerbsintensität, zum Preiswettbewerb, zur Marktentwicklung insgesamt sowie zur Margenentwicklung einzelner Geschäftsbereiche gehören dazu. Weitere Risiken können sich z.B. ergeben aus der Abhängigkeit des Unternehmens von (einzelnen) Kunden, Lieferanten oder Produkten.

Die Darstellung sollte – unbeschadet individueller Risikosituationen – folgende Risikofelder umfassen:

- Lieferantenabhängigkeit, d.h. die Aufteilung der Bezugswege, betriebswirtschaftlich sinnvolle Eigenfertigung etc.;
- Kundenabhängigkeit, d.h. der Vertrieb und die Diversifikation des Kundenstamms etc.;
- Markt- und Wettbewerbsrisiken, d.h. ein verändertes Kunden-/Nachfrageverhalten, Neueintritt in den Markt von Konkurrenten/Nachahmern;
- Wetterrisiken (bei saisonalen Abhängigkeiten);
- Risiken hinsichtlich der zeitgenauen Anlieferung von Vorprodukten;
- rechtliche Risiken, d.h. die Absicherung gegen Patentrechtverstöße, Umweltauflagen oder Außenhandelsgesetze etc.,
- Länderrisiken, d.h. die Absicherung der Auslandspositionen und -produktion etc.;
- Personalrisiken, d.h. Verlust und Kündigung von Mitarbeitern;
- Finanzrisiken, d.h. Zins- und Währungsrisiken.

Kapitalsuchende Unternehmen sollten gegenüber Financiers ihre Risiken „verkaufen", denn in jedem Fall ist es besser, die relevanten Risiken selbst zu erklären und damit zu „vermarkten", als die Interpretation zuerst den Financiers zu überlassen. Jede Unternehmung ist mit Risiken verbunden, und so ist eine risikofreie Kapitalanlage – außer vielleicht in deutsche Staatsanleihen mit entsprechend niedrigem Zins – nicht möglich. Daher sollten Unternehmen nicht nur die Chancen darstellen, sondern auch die Unwägbarkeiten erklären, deren Relevanz für das eigene Geschäft erläutern und entsprechende Vorbeugungsmaßnahmen skizzieren.

12.4 Auswahl der passenden Finanzierung

Über welche Kapitalquellen und welches Instrument sich ein Unternehmen letztlich finanzieren kann, hängt vom Finanzierungsvorhaben, vom Unternehmenszustand und den jeweils vorherrschenden Marktbedingungen ab. Ein Unternehmen kann bereits im Vorfeld geeignete Instrumente und Strukturen prüfen und bei ausreichender Sinnhaftigkeit und Umsetzungswahrscheinlichkeit für das Vorhaben diese Instrumente/Strukturen den möglichen Financiers „schmackhaft" machen.

Entscheidende Fragen bei der Kapitalisierung eines Unternehmens sind: Welche Finanzierung kommt wann für welchen Zweck zum Einsatz? Welche Finanzierungsart passt zu welchem Finanzierungsanlass? Welche Voraussetzungen sind bei welcher Finanzierung zu erfüllen? Nicht immer sind die Antworten eindeutig, mitunter sind anscheinend mehrere Varianten realisierbar, mitunter auch keine einzige. Gerade dann muss der Unternehmer mehrgleisig fahren und rechtzeitig Alternativen prüfen und durchspielen, denn Zeit ist im Zuge des Finanzierungsprozesses meist der kritische Faktor. Langwierige Finanzierungsverhandlungen und unerwartete Absagen der Kapitalgeber haben nicht selten zu vermeidbaren Krisensituationen geführt.

Unternehmen mit guter Bonität und guten wirtschaftlichen Verhältnissen besitzen gewöhnlich einen ungehinderten Zugang zum gewünschten Finanzinstrument. Doch auch, wenn sich Hindernisse auftun, sind es oft nur Geringfügigkeiten, welche die Wahl des gewünschten Instruments zunächst erschweren oder sogar ausschließen. Diese Hindernisse gilt es, frühzeitig zu identifizieren. Dann schaffen (geringfügige) Veränderungen in der Ausgangssituation Abhilfe oder Ergänzung durch weitere Kapitalarten.

Der erste Schritt eines Unternehmens zur optimierten Finanzierung ist die Bestimmung der für den jeweiligen Finanzierungsanlass am besten geeigneten Instrumente. Der zweite Schritt ist die Prüfung, ob die mit dem bevorzugten Instrument verbundenen Anforderungen grundsätzlich erfolgreich erbracht werden können. Falls dies nicht von vornherein der Fall ist, so ist im dritten Schritt zu sondieren, ob unternehmensinterne Anpassungen in einem akzeptablen Zeitraum realisierbar sind. Falls dies nicht machbar ist, wird im vierten Schritt geprüft, welche alternativen Instrumente oder Kombinationen geeignet sind und ob nunmehr die Anforderungen erfüllt werden können.

Letztlich stellt sich die Frage, ob mit der Realisierung des ausgewählten Instruments auch das Volumen an tatsächlichen Mitteln erzielt wird oder ob eventuell eine weitere Finanzierung nötig ist, die sich aufgrund der dann geänderten Finanzstruktur aber nicht mehr wie gewünscht durchführen lässt.

*Ein **Beispiel**: Ein Unternehmen benötigt 10 Mio. EUR und nimmt zunächst 5 Mio. EUR über einen besicherten Bankkredit auf, in der Hoffnung, weitere 5 Mio. EUR mit einer Schuldscheinemissionen erlösen zu können. Das Management muss jedoch nach Kreditaufnahme feststellen, infolge der gestiegenen Verschuldung und damit den verschlechterten Kennziffern ein Schuldscheindarlehen nicht mehr realisieren zu können. Hingegen wäre zu Beginn des Prozesses ein Schuldscheindarlehen über 10 Mio. EUR möglich gewesen. Oder: Das Unternehmen hat für die ersten 5 Mio. EUR zu viele Sicherheiten gestellt, die jetzt für die zweiten 5 Mio. EUR Kredit fehlen; hingegen hätten die ursprünglichen Sicherheiten bei einer anderen Bank für ein 10-Mio.-EUR-Darlehen ausgereicht.*

Solche Zusammenhänge und gegenseitigen Abhängigkeiten gilt es zu beachten. Gleichzeitig ist aber auch darauf zu achten, gegebenenfalls über mehrere Kapitalgeber zu streuen, um nicht Abhängigkeiten von einzelnen Financiers zu schaffen. Die Kunst ist hier, die richtige Balance zu finden. Der Unternehmer sollte in sinnvoller Weise einen möglichen Instrumentenkasten zusammenstellen, aus dem er für seine Zwecke optimiert die Bausteine auswählen kann. Grundsätzliche Beispiele für einen solchen Instrumentenkasten sind die nachstehenden Fälle.

- Zur **Erhöhung der Betriebsmittel** stehen grundsätzlich zur Verfügung ein klassischer oder nachrangiger Kredit oder ein Schuldscheindarlehen. Voraussetzung sind eine umfassende Dokumentation, ein Mindestmaß an Bonität, ein stabiler Kapitalfluss und gute Erfolgsaussichten der Unternehmensstrategie. Finanzierungsalternative für den Mittelstand sind ein Lieferantenkredit, eine stille Beteiligung oder das Factoring.

- Zur **Krisenfinanzierung** stehen grundsätzlich zur Verfügung ein kurzfristiger (Konsortial-)Kredit oder die Eigenkapitalerhöhung. Voraussetzung sind eine umfassende Dokumentation und gute Erfolgsaussichten der Unternehmensstrategie. Finanzierungsalternative sind kreditorientiertes Private Equity, die Veräußerung von Unternehmensteilen oder eine stille Beteiligung.

- Zur **Finanzierung von Investitionen** stehen grundsätzlich zur Verfügung ein Kredit, eine Direktinvestition, ein Schuldscheindarlehen oder die stille Beteiligung. Voraussetzung sind eine umfassende Dokumentation, ein Mindestmaß an Bonität und gute Erfolgsaussichten. Finanzierungsalternative sind kreditorientiertes Private Equity oder die Eigenkapitalerhöhung.

- Zur **Expansionsfinanzierung** im angestammten Geschäftsfeld stehen grundsätzlich zur Verfügung ein Kredit, eine Direktinvestition, der Konsortialkredit, ein Schuldscheindarlehen oder die stille Beteiligung. Voraussetzungen sind eine umfassende Dokumentation, die Finanz- und Kapitalmarktreife und gute Erfolgsaussichten. Finanzierungsalternative ist kreditorientiertes Private Equity.

- Zur **Gründungsfinanzierung** stehen grundsätzlich zur Verfügung Eigenkapital, staatliche Förderung und der Kredit oder eine Direktinvestition. Voraussetzungen sind eine sehr umfassende Dokumentation, die überzeugende Qualität der Unternehmensgründer/Geschäftsführung und sehr gute Erfolgsaussichten. Finanzierungsalternative ist Venture Capital.

Jedes dieser Finanzierungsinstrumente weist ein spezifisches Rendite-Risiko-Profil auf, abhängig von seiner grundsätzlichen Konstruktion und der Bonität des Schuldners/Kapitalnehmers. Auf die jeweiligen Profile haben sich bestimmte Investorengruppen spezialisiert. Für den Mittelstand gilt es nun, die Anforderungen des Marktes mit den unternehmerischen Erfordernissen in Einklang zu bringen.

- Typische **Eigenkapitalgeber** und **Financiers zur Bilanzentlastung** sind Fondsgesellschaften (Aktie), Versicherungen (Aktie), Pensionskassen (Aktie), Vermögensverwalter (Aktie, Eigenkapitalanteile), Privatanleger (Aktie), Private-Equity-Gesellschaften (Eigenkapitalanteile), Privatinvestoren (Eigenkapitalanteile), Private-Equity-Gesellschaften (groß- wie kleinvolumiges Private Equity), Banken (kleinvolumiges Private Equity, Factoring, Leasing), Factoring-Gesellschaften (Factoring), Leasing-Gesellschaften (Leasing).

- Typische **Fremdkapitalgeber** sind Geschäftsbanken (klassischer, syndizierter und nachrangiger Kredit), Sparkassen (klassischer, nachrangiger und syndizierter Kredit, Schuldschein), Volksbanken (klassischer und nachrangiger Kredit), Vermögensverwalter (klassischer und nachrangiger Kredit, Schuldschein, Anleihe), Pensionskassen (klassischer Kredit, Schuldschein), Versicherungen (nachrangiger Kredit, Direktinvestment, Schuldschein, Anleihe), Beteiligungsgesellschaften (nachrangiger Kredit) und spezialisierte Fondsgesellschaften (Direktinvestment, Anleihe), Privatanleger (Anleihe).

- Typische **Mezzaninkapitalgeber** sind Fondsgesellschaften (typische stille Beteiligung, atypische stille Beteiligung, Genussschein, kreditorientiertes Private Equity), Beteiligungsgesellschaften (typische stille Beteiligung, atypische stille Beteiligung), Vermögensverwalter (typische stille Beteiligung, Genussschein), Privatinvestoren (typische stille Beteiligung, Genussschein), Versicherungen (Genussschein), spezialisierte Tochtergesellschaften von Geschäftsbanken oder Sparkassen und Volksbanken (kreditorientiertes Private Equity), Private-Equity-/Venture-Capital-Gesellschaften (Venture Capital).

Die Geschwindigkeit, mit der sich Veränderungen am internationalen Finanzmarkt vollziehen, nimmt ständig zu. Damit verlieren Zusammenhänge, Korrelationen, Schemata und analytische Usancen, die heute noch Bestand haben, möglicherweise schon morgen an Bedeutung. Die Marktteilnehmer verändern vor diesem Hintergrund fortlaufend ihre Investmentkriterien und Anforderungen, zudem verlangen sie zusätzliche Informationen, um Orientierungsschwund in Folge von raschen Marktveränderungen kompensieren zu können. Kapitalnehmer müssen daher selbst aktiver an der Versorgung der Kapitalgeber mit relevanten Informationen teilnehmen und nicht wie selbstverständlich davon ausgehen, dass die Kapitalgeber von sich aus über alle relevanten Informationen verfügen.

Dies bedeutet in der Konsequenz: Kredit- und Finanzanalysten werden heute seitens der Unternehmen nicht nur mit regelmäßigen Informationen zum Geschäftsbetrieb, sondern auch mit Untersuchungen zum Marktsegment ausgestattet, und zwar in weitaus größerem Umfang, als dies noch vor wenigen Jahren der Fall war. Auch neue externe, „exotische" Quellen, wie z.B. das Rating der Firma Creditreform, werden im Beurteilungsprozess eingesetzt. All dies beeinflusst die Wahrnehmung am Finanzmarkt und muss vom mittelständischen Unternehmen ins Kalkül einbezogen werden.

12.5 Auf den Punkt: Umsetzen von Finanzierungen

Die Interessen eines kapitalsuchenden Unternehmens lassen sich nicht in jedem Falle durch ein einziges Finanzinstrument ausreichend befriedigen, mitunter ist eine Kombination mehrerer Instrumente erforderlich. In zweifelhaften Situationen ist entweder ein Kompromiss zu finden – höhere Risikoprämie bei gleichzeitigen Zugeständnissen der Investoren – oder eine Kombination aus sich ergänzenden Instrumenten, welche den Interessen von Unternehmen und Investoren besser genügt.

I.d.R. gibt es aber selbst in schwierigen Situationen Lösungen, welche eine akzeptable Finanzierung sicherstellen. Entscheidend ist die sorgfältige Abwägung von Vor- und Nachteilen der jeweiligen Instrumente. Kriterium für das Unternehmen ist stets die Nachhaltigkeit der gewählten Kapitalmaßnahme. Die jeweilige Unternehmensstrategie muss im Einklang stehen mit den zur Verfügung stehenden Kapitalvolumina und den eventuell mit der Mittelgewährung verbundenen Auflagen sowie Einschränkungen. Die Unternehmensstrategie muss zudem mit hoher Wahrscheinlichkeit in Aussicht stellen, daß der Kapitaldienst (Zins/Tilgung) über die gesamte Zeit der Kapitalüberlassung durchzuhalten ist.

Von Unternehmensseite ist aus diesen Gründen zu klären: In welchem Zustand/welcher Situation befindet sich das Unternehmen, für welche Zwecke wird Kapital benötigt und welchen Risiken ist dieses dann ausgesetzt, in welcher Höhe kann der Kapitaldienst geleistet werden? Daran schließt sich die Festlegung auf Instrumente und Kapitalgeber an. Die Stärken und die Schwächen eines Unternehmens, die Vorteilhaftigkeit des Finanzierungsvorhabens und die Entwicklungsperspektiven werden schließlich in der Präsentation für mögliche Kapitalgeber zusammengeführt, um Financiers von der Attraktivität des Unternehmens zu überzeugen.

- Entwurf der geeigneten Präsentation von Unternehmen und Finanzierungsanlass;
- Prüfung des Unternehmenszustands auf Finanzierungsvoraussetzungen;
- Analyse der Finanzierungsstruktur;
- Auswahl der geeigneten Instrumente und der richtigen Kapitalgeber;
- dauerhafte Attraktivität am Finanzmarkt.

13 Nachhaltigkeit von Finanzierungen durch Kommunikation

Kommunikation ist zwar nicht alles, aber ohne Kommunikation ist alles nichts – auch die Unternehmensfinanzierung muss sich (selbst und gerade) bei umfangreicher Daten-, Fakten- und Informationslage dauerhaft mit (Finanz-)Kommunikation auseinandersetzen. Dies gilt sowohl für das aktuelle Finanzierungsvorhaben als auch in gleicher Weise für den permanenten Kontakt zu den Kapitalgebern.

13.1 Vertrauensbildung durch Kommunikation

Nicht nur vor, sondern in gleichem Maße nach der Realisierung von Kapitalmaßnahmen steht die aktive Informationspolitik gegenüber Kapitalgebern im Mittelpunkt. Dies dient dem Zweck, Financiers aktuell, umfassend und zuverlässig über ihr Engagement zu informieren. Die beste Geschäftsstrategie, Analyse und Bonität nutzen in diesem Zusammenhang nichts, wenn Kapitalgeber von der Unternehmenssituation keine Kenntnis erhalten. Denn wesentliches Entscheidungskriterium für Kapitalgeber ist deren Vertrauen in das Unternehmen und seine Führung.

Dieses Vertrauen ergibt sich aus den (Geschäfts-)Ergebnissen, aber auch aus der Art und Weise, wie das Unternehmen mit dem Finanzmarkt kommuniziert. Ein Verlust an Vertrauen kann ein Unternehmen in die Krise bringen und dazu führen, dass sich die Finanzierung geplanter Vorhaben unerwartet stark verteuert oder sogar unmöglich wird. Eine gute Kommunikationsstrategie ist daher ein wichtiger Baustein für den Erfolg eines Unternehmens am Finanzmarkt.

Vertrauen entsteht, indem das, was angekündigt wurde, auch eingehalten wird bzw. eintritt. Wer z.B. nicht ankündigt oder prognostiziert, vergibt die Chance, eine vertrauensbildende Entwicklung zu bestätigen. Es gibt immer unternehmensspezifische Entwicklungen, welche die Geschäftsführung besser beurteilen kann als ein externer Beobachter. Die Prognose hat vor diesem Hintergrund die Funktion, einzelne Entwicklungen oder das Erreichen von Zielen plausibler zu machen mit der Expertise des Unternehmers.

Gleichwohl sollte das Instrument der Prognose bewusst genutzt werden und nur wichtige Bereiche betreffen. Zudem sollten die Prognosen unterschiedliche Zeiträume betreffen, um die aus Sicht des Managements für die weitere Entwicklung wesentlichen Meilensteine zu manifestieren. Dabei sollten die Grundlagen der Prognose ausreichend erläutert und die Risiken aufgezeigt werden. Erwartungsänderungen, die aufgestellte Prognosen betreffen, müssen bei nennenswerten Abweichungen ebenfalls kommuniziert werden.

Eine wichtige Aufgabe der Finanzkommunikation ist schließlich, die Komplexität des Unternehmens auf für die Adressaten wirklich wesentlichen Aspekte zu reduzieren. Die Trennung des Wichtigen vom Unwichtigen ist für den externen Beobachter ein erstes Kriterium zur Beurteilung der Managementleistung. Wer sich nicht mit den wesentlichen Dingen beschäftigt, wird es schwer haben, Kapitalgeber zu überzeugen. Bei den Details ist es nicht so wichtig, diese unbedingt ständig bekannt zu machen, sondern vielmehr, dass die Marktteilnehmer erkennen, das Management hat die Details im Griff.

13.2 Kommunikation als Übertragungsmechanismus

Nur, was Financiers an Informationen erreicht und von diesen wahrgenommen, verarbeitet und auch verstanden wird, trägt zur positiven Meinungsbildung und Einschätzung bei – und ermöglicht schließlich die Realisierung des Finanzierungsvorhabens. Die Kommunikation ist dabei der entscheidende Übertragungsmechanismus. Gerade hier besteht die Gefahr, daß die Unternehmensinformationen nicht korrekt und den tatsächlichen Unternehmenszustand widerspiegelnd aufgenommen, interpretiert und bewertet werden. Der Unternehmer muss daher bei der Kommunikation darauf achten, ob die Financiers das Unternehmen seinem tatsächlichen Zustand entsprechend beurteilen.

Voraussetzung, um solche Fehlentwicklungen zu vermeiden beziehungsweise auszuschließen, ist die Qualität der Präsentation und des Finanzierungsbuches – aber auch die Resonanz seitens der Kapitalgeber! Deshalb sind die sich dem Erstkontakt anschließende Informationsübermittlung bis zur Entscheidung und die jeweilige Rückkoppelung von hoher Bedeutung. Denn je früher die Prozessphase, desto einfacher und ansehenswahrender können Defizite und Mankos korrigiert werden. Die Gefahr von Fehlentwicklungen lässt sich überdies verringern, wenn die Kommunikationswege richtig gewählt werden.

Zur Vermeidung einer solchen Gefahr wird zum einen eruiert, welche Finanzierungsziele der avisierte Kapitalgeber verfolgt, zum anderen recherchiert, welcher Ansprechpartner auf Kapitalgeberseite der im Sinne der Finanzierung zuständige ist. Zur entsprechenden Vorbereitung gehört zu klären, was die Gegenseite an Informationen tatsächlich erwartet und welche konkreten Gesprächspartner (Personen) in den Finanzierungsverhandlungen getroffen werden.

Die Informationsinhalte bestimmen dann die Auswahl der Darstellung und der Präsentationsform, so z.B. eine eher techniklastige Präsentation bei Gründungsvorhaben im Bereich regenerativer Energien, eine eher zahlenlastige Präsentation zur Darstellung der Vorteilhaftigkeit einer bestimmten Ersatzinvestition oder eine Kombination aus Strategie- und Finanzpräsentation in Krisensituationen. In jedem Falle wichtig ist eine exakte Dokumentation der Gespräche: stets schriftlich festhalten, was besprochen und vereinbart wurde, und dann das Protokoll der Gegenseite zusenden.

Gründung und Krise: Überzeugungskraft von Ideen und Lösungen

Gründungs- und Krisensituationen sind in der Unternehmensfinanzierung eine besondere Herausforderung. Bei fehlender Historie, oft geringen Eigenmitteln und wenig Sicherheiten bei der Gründung muss die Geschäftsidee überzeugen. Bei schlechter Historie, geringer Liquidität und operativen Defiziten muss das Sanierungskonzept, der Ausweg, überzeugen. In beiden Fällen hängt sehr viel von der Einschätzung der Idee beziehungsweise des Ausweges und des dahinter stehenden Managements durch die Financiers ab. Erfolge, Konzepte, Ideen der Unternehmensführung „zum Start" und „aus der Krise" sind dann in besonderer Ausführlichkeit darzulegen.

Die Finanzierung von Unternehmensgründungen setzt (wie die Krise) die Glaubhaftmachung der Erfolgsaussichten voraus. Da es über die bloße Idee hinaus vor Aufnahme des Geschäftsbetriebes nur selten stichhaltige Belege gibt, kommt dem Geschäftsplan/Finanzierungsbuch eine überragende Bedeutung zu. Auch muss nachvollziehbar sein, daß die Akteure und Initiatoren diesen Geschäftsplan mit Leben zu füllen in der Lage sind – Optimierungsversuche müssen also in dieser Hinsicht v.a. dort ansetzen, wo Erfolgswahrscheinlichkeiten erhöht werden.

Krisenfälle sind für Financiers nur in Ausnahmefällen von besonderem Reiz, so z.B., wenn ein Kapitalgeber die Wurzel des Übels als einer der sehr wenigen zu erkennen und schnell zu beseitigen können glaubt. Sonst dürften hier Financiers nur frische Mittel zuschießen, wenn sie bereits engagiert sind und so ihre früheren Investments zu erhalten hoffen oder wenn neue Mittel vollständig besichert sind. Doch in der weit überwiegenden Zahl der Fälle müssen neue (und oft auch alte) Kapitalgeber intensiv überzeugt werden, dass die Ursachen der Krisensituation nunmehr bekannt sind und analysiert wurden und die geplanten/eingeleiteten Sanierungs-/Restrukturierungsmaßnahmen zu einer baldigen Trendwende und zu einer dauerhaften Verbesserung der Unternehmenssituation führen. Die entsprechenden Erfolgsaussichten müssen im Geschäftsplan/Finanzierungsbuch überzeugend dargelegt werden.

13.3 Inhalte und Regeln der Finanzkommunikation

Erfolgreiche Unternehmensfinanzierung erfordert die ständige und umfassende Berichterstattung zum eigenen Geschäft, aber auch zu den Anpassungsmaßnahmen auf sich vollziehende Veränderungen am Finanzmarkt. Ist es z.B. üblich geworden, daß Financiers Wert auf Kenntnis bestimmter Kennziffern legen, so sollte das Unternehmen von sich aus darauf reagieren und nicht erst auf die entsprechende Anfrage warten. Entscheidend für die künftigen Konditionen und das Abschneiden am Markt ist die Attraktivität der Adresse bei den Kapitalgebern insgesamt, d.h. unabhängig von der jeweiligen Kapitalart.

Beispielsweise sollte ein überwiegend mit Eigenkapital finanziertes Unternehmen auch Kontakt zu Fremdkapitalgebern aufbauen (und umgekehrt), selbst wenn in der nahen Zukunft keine Aufnahme von Darlehen geplant sein sollte.

Die wesentlichen Komponenten der fortlaufenden Kommunikation sind – nach Erstellung von Präsentation und Finanzierungsbuch sowie deren fallweiser Aktualisierung – nachstehende Themen, die je nach Relevanz auf Monats- oder Quartalsbasis aktualisiert werden sollten:

- qualitative (textliche) Beschreibung der Unternehmensentwicklung;
- qualitative (textliche) Beschreibung der Marktentwicklung und des Wettbewerbs;
- Bericht zur Forschungs- und/oder Produktentwicklung, zu Veränderungen in der Produktion;
- Segmentberichterstattung (sofern sinnvoll);
- Gewinn- und Verlustrechnung: Darstellung der wichtigen Positionen und Kennziffern;
- Kapitalflussrechnung: Darstellung der wichtigen Positionen und Kennziffern;
- Bilanz: Darstellung der wichtigen Positionen und Kennziffern;
- Vergleich mit Konkurrenten (sofern verfügbar);
- Abweichungsanalyse (gegenüber Planzahlen) und Beschreibung der eingeleiteten Maßnahmen.

Unternehmen sollten vor Aufnahme der Kommunikation auch formal vorbereitet sein: die Ansprache der Kapitalgeber erfolgt erst, wenn alle Unternehmensinformationen und Unterlagen in ausreichender Qualität und ausreichendem Umfang vorliegen. Dies bedeutet gleichzeitig die Beachtung folgender Kriterien.

- Konsistenz:
  - Vermeidung der Kollision von vergangenen und künftigen Informationen (Widerspruchsfreiheit) sowohl innerhalb einer Präsentation oder eines Dokumentes als auch im Zeitablauf;
  - Beibehaltung der grundsätzlichen argumentativen Linie;
  - Kommunikation gegenüber allen Financiers gleich.

- Angemessenheit:
  - Spiegelung der tatsächlichen Zu-/Umstände im Unternehmen und Entwicklungen;
  - Inhalt und Form der Nachricht beziehungsweise der Kommunikationsmaßnahme beschreiben das Berichtsobjekt und sind in ihrer Außenwirkung der Bedeutung des Berichtsobjektes angemessen;
  - Vollständigkeit und Realitätsnähe sind gewährleistet.
- Verständlichkeit:
  - klare Aussagen;
  - eingängige Darstellung;
  - Verwendung gebräuchlicher Begriffe;
  - dem Zielkreis der Leser/Gesprächspartner in Wort und Stil angemessen kommunizieren.
- Wirkung:
  - Prüfung der Empfangsqualität;
  - Dauerhaftigkeit der Information;
  - permanente Optimierung des Informationsflusses durch Kontrolle der Wirkung der Kommunikationspolitik;
  - Wissen um die spezielle Aufnahmefähigkeit der jeweiligen Kapitalgebergruppe;
  - eventuell Berücksichtigung der Resonanz in der (lokalen) Presse als Kontrollinstanz.

13.4 Auf den Punkt: Erfolgreiche Finanzierung mit optimierter Kommunikation

Kommunikation ist nur ein Teil des Finanzierungsprozesses, gleichwohl aber ein erfolgsentscheidender. Daher sollte das kapitalsuchende Unternehmen hierauf besondere Sorgfalt verwenden. Vor der Finanzierung und über die Laufzeit der Finanzierung sollten nicht nur die vertraglichen Anforderungen zur Information der Kapitalgeber eingehalten werden, sondern es sollte die umfassende und fortlaufende Aktualisierung der relevanten Daten und Informationen gewährleistet sein. So wird die Unternehmensdokumentation und Kommunikation auch nach erfolgter Auszahlung ihrem hohen Stellenwert gerecht.

Nicht immer ist das Kommunikationsbewusstsein im Mittelstand hinsichtlich der Finanzen ausgeprägt. Bei vielen Firmen hat es in der Umsetzung der Finanzierungsstrategie bislang keine gravierenden Probleme gegeben und die ohnehin spärliche Kommunikation mit wenigen Kreditgebern wird unter ferner liefen geführt. Warum, so mag die Unternehmensführung fragen, sollte sie sich gerade jetzt mit Fragen der Darstellung und Kommunikation auseinandersetzen? Die Antwort: Um dem Unternehmen auch langfristig eine attraktive Finanzierung zu ermöglichen und um die Geschäftsstrategie dauerhaft umsetzen zu können. Oder anders formuliert: Finanzierungsvorhaben können ohne angemessene Darstellung und Kommunikation auch zum Scheitern verurteilt sein.

- Entwicklung einer umfassenden und überzeugenden Kommunikationsstrategie;
- Erstellung formal korrekter und inhaltlich leistungsfähiger, aussagekräftiger Kommunikationsmedien;
- Kommunikation als vertrauensbildende Maßnahme zwischen Unternehmen und Kapitalgebern;
- Einflussnahme auf die Wahrnehmung des Unternehmens seitens des Finanzmarktes;
- Kommunikation als disziplinierendes Instrument für Unternehmensführung und Finanzmanagement;
- ansehensbildende Strategie gegenüber Dritten;
- Kommunikation als Mittel zur erfolgreichen Realisierung von Finanzierungsvorhaben.

Literatur

Baseler Ausschuß für Bankenaufsicht: Internationale Konvergenz der Kapitalmessung und Eigenkapitalanforderungen; Übersetzung der Deutschen Bundesbank, Frankfurt 2004.

Bundesministerium für Wirtschaft und Technologie: Gründungs- und Wachstumsfinanzierung; Berlin 2008.

Bundesverband deutscher Banken: Bankinternes Rating mittelständischer Kreditnehmer im Zuge von Basel II; Berlin 2009.

Deutsche Börse: Ihr Weg an die Börse; Frankfurt 2005.

Deutsche Vereinigung für Finanzanalyse und Asset Management (DVFA): DVFA-Grundsätze für effektive Finanzkommunikation; Dreieich 2006.

Deutscher Industrie- und Handelskammertag (DIHK): Finanzierungsalternativen; Berlin 2004.

Grunow, Hans-Werner G./Figgener, Stefanus: Handbuch Moderne Unternehmensfinanzierung; Heidelberg 2006.

Grunow, Hans-Werner G./Oehm, Georg F.: Credit Relations; Heidelberg 2004.

Grunow, Hans-Werner G.: Der Preis ist heiß – Berechnung von Kreditkosten; in: Unternehmermagazin 1/2, Bonn 2010, S. 20 f.

Grunow, Hans-Werner G.: Kreditvergabe – kein einheitliches Bild; in: IHK Wirtschaftsforum 12.09/01.10, IHK Frankfurt am Main, S. 50 f.

Grunow, Hans-Werner G.: Unternehmensfinanzierung – Eigenkapitalgewinnung; in: Unternehmermagazin 4, Bonn 2007, S. 40 ff.

HK Hamburg: Unternehmen und Bank – der Weg zur berechenbaren Partnerschaft; Hamburg 2005.

IHK in Baden-Württemberg: Kreditverhandlungen erfolgreich führen; Heilbronn 2007.

IHK Lüneburg-Wolfsburg: Banktübliche Sicherheiten; Lüneburg o.J.

IHK Lüneburg-Wolfsburg: Businessplan – Anleitung für bestehende Unternehmen und Unternehmenskäufer; Lüneburg o.J.

IHK Lüneburg-Wolfsburg: Der Avalkredit – eine Absicherung bei Leistungsausfall; Lüneburg o.J.

IHK Lüneburg-Wolfsburg: Die erfolgreiche Unternehmer-Bank-Beziehung; Lüneburg o.J.

IHK Lüneburg-Wolfsburg: Die Finanz- und Finanzierungsplanung; Lüneburg o.J.

IHK Lüneburg-Wolfsburg: Vorbereitung auf das Bankgespräch; Lüneburg o.J.

IHK Ostwürttemberg: Moderne Finanzierungsinstrumente für den Mittelstand; Heidenheim 2004.

IHK Südwestsachsen: Merkblatt Businessplan/Unternehmenskonzept; Chemnitz 2007.

Schmidt, Reinhard H./Terberger, Eva: Grundzüge der Investitions- und Finanzierungstheorie; Wiesbaden 1997.

Süchting, Joachim: Finanzmanagement – Theorie und Politik der Unternehmensfinanzierung; Wiesbaden 1995.

Thöne, Thomas (Hg.): Forderungsmangement – Zwangsvollstreckung – Insolvenz – Prävention; Frankfurt am Main 2009.

Stichwortverzeichnis

A
Alleinstellungsmerkmal 2, 15, 46
Anforderung 12
Angemessenheit 113
Anleihe 73
Atypische stille Gesellschaft 83
Ausfallgarantie 97

B
Basel II 12
Betriebswirtschaftliche
Auswertung (BWA) 28
Beurteilung 45
Bewertung 45
Bilanzentlastung 91
Bürgschaft 95, 96

C
Chance-Risiko-Profil 1, 16
Covenants 69

D
Direktinvestoren 71
Due Diligence 45

E
Eigenkapital 53, 57, 59
– Verwendungszweck 59
Eigenkapitalgeber 106
Eigenkapitalinstrumente 61
Erlösstruktur 26
Ertragsstärke 26

F
Factoring 92
Fehlentwicklung
– Korrektur 43
Financiers
– Anforderungen 9
– Erwartungshaltung 9
– Informationsbedarf 25
– Motive 62
– Risikobewusstsein 9
Finanzierungsanlass 52
– Erläuterung 43
Finanzierungsbuch 45, 47, 48
Finanzierungspotenzial 5

Finanzierungsreife 46
Finanzierungsvorhaben
– Realisierung 99
(Finanz-)Kommunikation 109
Fördermittel 57, 91
Förderung
– staatliche 91
Fremdkapital 53, 57, 65
– Verwendungszweck 66
Fremdkapitalgeber 106
Fremdkapitalinstrumente 68

G
Garantie 97
Genussrecht 84
Genussschein 84
Geschäftsstrategie 2, 16
Glaubwürdigkeit 17, 21
Gründung 111

H
Handelsgesetzbuch (HGB) 18

I
Informationsbasis 45
Informationsbedarf 11
International Financial Reporting
Standards (IFRS) 18

K
Kapitalgeberpräsentation 101
Kapitalquellen 53
Kommunikation 109
Kommunikationskonzept 17
Kommunikationsstrategie 109
Komponenten der Kreditzinsbildung 76
Konsistenz 112
Konsortialkredit 71
Kredit 68
– nachrangiger 70
Kreditanstalt für Wiederaufbau (KfW) 95
Kreditklausel 69
Kreditvertrag 70
Krise 43, 111
Krisenfinanzierung 105
Krisenintervention 43
Krisenprävention 32, 43

117

L
Leasing 93
Liquidität 28
Liquiditätslage 27

M
Mezzaninkapital 53, 57, 79
– Finanzierungsinstrumente 82
– Verwendungszweck 80
Mezzaninkapitalgeber 88, 107
Mittelstand
– Anforderungen 13

O
Optimierung 41, 44
Optimierungsmöglichkeiten 41

P
Private Debt 71
Private Equity 85
Prognose 109
Projektfinanzierung 47
Prüfungsprozess 43

R
Rating 12, 16, 33
Risiken
– Beschreibung 52

S
Schuldschein 71
Sicherheiten 34
– Beleihungswert 34
– Marktwert 34
– Wertabschläge 35
– Zeitwert 34
Stille Beteiligung 83, 97

Stille Gesellschaft 83
Subventionen 95

T
Themenfelder 11
Transparenz 6
Typische stille Gesellschaft 83

U
Unternehmensanalyse 1, 16, 23
– Lastenheft 24
– Planabweichung 39
– qualitative 30, 37
– quantitative 28, 37
Unternehmensdarstellung 5
Unternehmensprozesse 39
Unternehmensrisiken 102
Unternehmensstrukturen 39
Ursachen für Abweichungen 39

V
Venture Capital 87
Verschuldung
– Höhe 27, 28
– Kondition 27
– Laufzeit 28
– Struktur 27, 28
– Währung 28
Verständlichkeit 113
Vertraulichkeitserklärung 100

W
Wirkung 113

Z
Zinsbildung 74
Zinskomponenten 76

Autor

Dr. Hans-Werner Grunow ist Partner bei CAPMARCON Dr. Grunow & Houben Partnerschaft Unternehmensberatung und verfügt nach Stationen in Frankfurt, London und New York über langjährige Erfahrung im Finanzierungsgeschäft sowie exzellente Expertise in der Begleitung von Unternehmen in den unterschiedlichsten Finanzierungssituationen – von der Firmengründung über die Expansion bis hin zum Liquiditätsmanagement in Krisenfällen –, in Fragen des Finanzmarktauftrittes und der individuellen Präsentation gegenüber Financiers. Der Autor entwickelt Strategien zur Kapitalbeschaffung und Bilanzoptimierung. Dies umfasst Eigen-, Mezzanin- und Fremdkapital sowie Debt-Advisory- und Finanzkommunikation.